丛书编委会

总　策　划：来新国　王文成

编委会主任：郭齐勇　周晓亮

编　　　委：来新国　陈知涯　张　彧　尹格韬　沈　众

王文成　孟淑贤　周长志　罗养毅　秦　丹

乌　琛

大家精要

哈奇森

杨通林 著

Hutcheson

陕西师范大学出版总社

图书代号 SK16N1012

图书在版编目（CIP）数据

哈奇森/杨通林著. —西安：陕西师范大学出版总社
有限公司，2017.1（2024.1重印）
（大家精要）
ISBN 978-7-5613-8832-7

Ⅰ.①哈… Ⅱ.①杨… Ⅲ.①哈奇森（1694—
1746）— 传记 Ⅳ.①B561.299

中国版本图书馆CIP数据核字（2016）第321636号

哈奇森　HAQISEN

杨通林　著

责任编辑	郑若萍	
责任校对	马凤霞	
特约编辑	宋亚杰	
封面设计	张潇伊	
出版发行	陕西师范大学出版总社	
	（西安市长安南路199号　邮编 710062）	
网　　址	http://www.snupg.com	
印　　制	永清县晔盛亚胶印有限公司	
开　　本	650 mm×930 mm　1/16	
印　　张	10	
字　　数	100千	
版　　次	2017年1月第1版	
印　　次	2024年1月第2次印刷	
书　　号	ISBN 978-7-5613-8832-7	
定　　价	45.00元	

读者购书、书店添货或发现印刷装订问题，请与本公司销售部联系、调换。
电话：（029）85303879　传真：（029）85307864　85303629

目　录

第 1 章

哈奇森生平及思想背景简介

1694 年 8 月 8 日,哈奇森出生于北爱尔兰的大马列各。祖籍是苏格兰的艾尔郡,祖父和父亲都是北爱尔兰不服从国教的圣会大臣。他排行老二,8 岁之前一直和父母一起生活。8 岁那年,他离开父母和祖父一起生活。哈奇森童年时既接受过祖父的教育,也接受过学校教育,并在学校学习了当时非常流行的经院哲学。1711 年,哈奇森进入格拉斯哥大学学习哲学、文学、艺术和神学等,师从于格绍姆·加莫卡勒、约翰·希姆逊等人。后在格拉斯哥大学教授哲学。

17 世纪,反对君主专制的斗争成为英国政治斗争的主要内容,而政治斗争又经常和宗教斗争交织在一起。英国的宗教和政治生活构成哈奇森思想背景的重要组成部分。天主教、新教和东正教是基督教的三大教派,英国历史上就具有排斥天主教的传统。1673 年,为了进一步反对天主教,英国议会制定"宣誓条例",规定政府官员必须宣誓效忠于英国国教,迫使一部分信奉天主教的高级官员辞职。拥护"宣誓条例"的莎夫茨伯利伯爵一世,曾经劝说查理二世和信奉天主教的皇后离婚,遭到拒绝并被解职,莎夫茨伯利伯爵一世随后变成宫廷反对派的主要领导人。1679 年，迫于压力，查理二世吸收莎夫茨伯利伯爵一世进入枢密院并担任召集人。莎夫茨伯利伯爵一世就是在哈奇森之前提出了"道德感"观念的莎夫茨伯利的祖父，他是辉格党的重要领导人。1688 年，辉格党和托利党联合赶走了天主教徒詹姆斯二世，迎接新教徒威廉二世登上英国国王的宝座，英国历史上著名的不流血的"光荣革命"取得胜利，国王的权力逐渐受到了限制。1701 年，《继位法》公布，确立议会权力高于国王权力、议会高于王室、司法独立于王权的基本原则，议会成为权力中心，政府成为权力中心，国王统而不治，王权真正旁落。

英国资产阶级革命取得胜利以后，英国结束了长期的内战，摆脱了长期战乱的灾难。1694 年，也就是哈奇森出生那年，玛丽王后患天花去世以后，辉格党"小集团"组阁成为国家管理的实权机构。1698 年，托利党在下议院占多数席位，取代辉格党组阁，开启了英国下议院多数席位党组阁的政治模式。1714 年，辉格党在大选中再次击败托利党，获得大选的胜利。从 1714 年到 1761 年，在长达半个世纪的历史中，辉格党在英国长期执政并在英国政治舞台上占据优势，长老派成为社会主流教派，议会权力取得了对王权的优势，经济文化繁荣，政治相对稳定，体现了议会政治较专制制度的明显优势。

哈奇森一生的大部分时间都是生活在辉格党议会政治之下。因此，身处和平稳定环境下的哈奇森，其关于人天性仁爱的观点与霍布斯等人在动荡战乱背景下的自爱论学说形成了鲜明对比。哈奇森在一定程度上赞成议会权力，他关于利他至上、主权在民、三权学说等政治伦理观点在一定程度上体现了这种"民权"意识，是王权衰落在理论领域的表现形态之一。他认为道德是幸福的根源，善的标准就是致力于他人的幸福。

他终身致力于提高社会的仁爱道德修养，以免社会再次重蹈霍布斯、孟德威尔等所主张的私恶人性所带来的种种灾难。

此外，哈奇森的认识论思想还与欧洲理性主义和经验主义两大思潮关系密切。文艺复兴所带来的科学进步与繁荣，使哈奇森时代的欧洲成为一个"理性时代"，弘扬和尊崇理性成为最明显的时代特征，导致了对一切常识观点和宗教信仰的怀疑和批判。反对教会权威和宗教正统，推崇人性尊严，高扬科学理性，人的自由、理性被推崇到至高无上的地位。特别是"光荣革命"后不久，英格兰和苏格兰合并，苏格兰政治稳定，国际地位得到提高，统一的国内大市场以及英格兰繁荣的海外贸易极大促进了苏格兰经济发展，苏格兰的工商业和海外贸易迅速发展，再加上中世纪宗教势力的衰落、文艺复兴运动、启蒙运动、自然科学的快速发展、欧洲（特别是英国）资本主义经济的繁荣和资产阶级反对封建统治阶级的斗争等原因，最终引发了一次声势浩大的苏格兰启蒙运动，在18世纪达到高潮，并一直延续到19世纪，直接波及美、法、德等国家。苏格兰的文化、教育、艺术等在这场启蒙运动中达到了前所未有的繁荣，孕育了一大批杰出的思想家，苏格兰的文化中心爱丁堡也因此被称为大不列颠的雅典。哈奇森就是苏格兰启蒙运动的重要奠基者之一。

"理性时代"使人们从宗教精神枷锁的束缚中解放出来，把注意力的重点从上帝和来世转移到人和现实世界之上。神学从此失去了超越一切的垄断意义，人们对人自身和人所生存的自然世界的兴趣逐渐占据上风。人的完美取代了上帝的完美，人的尊严和幸福被赋予了头等重要的意义，理性成为最高的审判台。人们凭借"理性"而不是"神的启示"来观察、理解、解释世界和人的存在。人文科学逐渐取代宗教神学成为理性的研究对象，人性、人的价值、人现实的幸福等越来越受到思想家们的关注，人性成为人们研究和解释各种社会现象的重要根据。大陆的理性主义和英国的经验主义成为当时最主要的两种理论思潮。

"理性时代"为伦理学的发展开辟了新的道路。受理性主义和经验主义的影响，欧洲16~18世纪的伦理学也划分为两个明显的阵营：一个是以拉尔夫·迦德沃斯（1617~1688）、克拉克（1675~1729）和贝尔盖（1688~1748）等为代表的理性主义伦理学，他们认为理性是道德的唯一来源；另一个就是以莎夫茨伯利、哈奇森和休谟（1711~1776）等为代表的情感主义伦理学，他们认为感觉和情感是人类道德的主要源泉。

文艺复兴、启蒙运动和英国资产阶级革命等给哈奇森伦理思想提供了坚实的社会历史背景，而理性主义和经验主义繁荣，伦理学说的兴起，诸多思想巨匠的辛勤劳动成果，各种思潮的相互斗争、相互融合等则直接为哈奇森伦理思想提供了丰富的"营养快线"。他一方面继承了莎夫茨伯利的仁爱思想，将其"道德感"思想进一步系统化，另一方面批判了霍布斯、孟德威尔否定人天性仁爱的错误，以及塞缪尔·克拉克等人的理性主义伦理方法，以经验主义感觉论为基础，提出了自爱和仁爱并行不悖的善恶两性论，从而建立了一个既不同于自爱论也不同于仁爱论的善恶两性论伦理体系。而贯穿于哈奇森整个伦理思想的认识论——内感觉和外感觉——就是在一定程度上分别吸取了理性主义和经验主义思想的基础上建立起来的。他关于普遍必然性知识来源于"内感觉"的思想在一定程度上虽然仍属于经验感觉论，但同时又具有理性主义的部分显著特征。在格拉斯哥大学期间，哈奇森就曾写信向克拉克表达过自己与其部分思想的分歧，批评克拉克关于上帝存在的先天证明。

1719 年，哈奇森从格拉斯哥大学返回乌尔斯特，任长老会牧师，次年接受长老派邀请，到都柏林筹建长老会私立学院并担任院长，培养长老派的年轻人。在都柏林期间，他对洛克的学说表现出浓厚的兴趣，并以其卓越的文学成就使他赢得了都柏林一些著名人士的友谊，其中包括莫莱沃斯勋爵、贝克莱的朋友爱德华·辛奇、都柏林大教主威廉·金等人。当宗教法庭指控哈奇森在没有得到国教许可就私自开设学校时，威廉·金大教主甚至否决了这一指控。此后一直到 1729 年任格拉斯哥大学道德哲学教授之前，哈奇森的思想体系基本形成，表达了他主要思想的一些著作也在这段时间完成。

1725 年，哈奇森与玛丽·威尔逊小姐结婚，他们的婚姻生活非常幸福美满，一共生育了七个孩子，其中第六个孩子天折。就在这一年，哈奇森发表了第一部著作《关于美和德的观念的起源的研究》，发展了洛克等人的观念论，拓宽了经验主义的"感觉"内涵，第一次明确把内感觉作为认识论的一个核心概念，以区别于外感觉，并把内感觉作为道德和审美观念的根源，系统论证仁爱道德的先天性、客观性和普遍性，批判自爱论者否定仁爱天性的片面性。同时，他还与吉尔波特·布赖特、克拉克等人发生了激烈的争论，并给《伦敦杂志》（*London Journal*）写了两封信，全面批判了吉尔波特·布赖特的理性主义道德观点，进一步完善了以道德感为核心的直觉主义伦理体系。

1726 年，哈奇森给《都柏林杂志》（*Dublin Journal*）写了六封信，其中包括"对笑的反思"（Reflections upon Laughter）和"论蜜蜂的寓言"（Remarks on the Fable of the Bees）两篇文章，分别批判了霍布斯和孟德威尔关于道德起源于自爱、自私的观点，提出了仁爱和自爱相互并存、相互影响的善恶动机理论。

1728年，哈奇森发表了《论激情和情感的性质和活动：以及对道德感的说明》，讨论了激情（passion）和情感（affection）、普遍欲望和具体欲望、自爱和仁爱等情感，阐述了道德情操和自爱情感之间的区别和联系。此外，他还根据自己与吉尔波特·布赖特、克拉克等人的争论，在书中概括、梳理了理性主义道德起源论的种种失误，论证了道德感作为道德观念源泉的根据，并进一步发挥了他在《关于美和德的观念的起源的研究》没有论及或者论证不充分的关于道德直觉、道德本体、道德自由等思想。

1729年，哈奇森接受格拉斯哥大学的邀请担任该校道德哲学教授。此后一直到1746年去世，哈奇森一直担任该大学的道德哲学教授。1744年爱丁堡大学曾经想聘任哈奇森担任伦理学与精神哲学教授，但被哈奇森所拒绝。格拉斯哥大学的学生大多来自苏格兰西部和北爱尔兰，主要培养长老派的牧师。在大学任教期间，由于哈奇森信奉宗教自由和政治自由，对传统的一些宗教教义提出了批判，曾一度遭到长老会的指控。他认为善恶的标准不是上帝，而是每个人内心都天生的道德感，即使人们心目中没有任何关于上帝的知识，也仍然具有善恶的观念。他经常在中午为学生开设私人课堂，讲授斯多葛派学说，并翻译了其中一些著作。哈奇森崇尚自由、思想解放、学识渊博，是很有创见的思想家和无与伦比的讲课大师，对人性中的善恶观、责任心、价值观和审美观等都有独到的、令人折服的观点。他还在课堂上和学生们一起讨论过劳动分工、私有财产、货币、利息、保险等广泛领域。同时，他性格温良，口才极佳，风度翩翩，讲课不用笔记，自由自在，生动活泼，并一改学校用拉丁语讲课的传统，直接用英语讲课，因此得到了学生们广泛的敬仰和爱戴。在亚当·斯密交往的师长和朋友中，哈奇森是对其学问和人生影响最大的一位，几乎没有一个人能够像哈奇森那样启迪他的良知，指引他前进的方向。为此，斯密曾经敬重地称他为"永远无法忘记的哈奇森博士"。

从 1735 年开始，哈奇森系统性思考人性、至善、激情、欲望、仁爱情感、感觉及其能力、道德感及其对象、道德感和荣辱感的关系、人的最大快乐等问题，以及人的知识、意志、激情与人性之间的关系，并进一步总结概括了人性的一些规律、道德义务、自然状态的人性表现、政治伦理、人的权利、财产和平等的关系，着手撰写他的巨著《道德哲学体系》（1735～1737）。遗憾的是，哈奇森有生之年没有能够看见这部著作的出版发行。在他去世九年以后，也就是 1755 年，《道德哲学体系》才由他的儿子在格拉斯哥编辑出版。另外，哈奇森晚年还和同事詹姆斯·穆尔合作翻译了《对马克·奥利乌斯的沉思》一书，并为该书作了一些批注，其中蕴含了很多深刻的思想。

1746 年 8 月 8 日，哈奇森去世，享年 52 岁。

第 2 章

内感觉：哈奇森伦理思想的认识论基础

一般来说，每一个深刻的思想体系都有其特定的认识论基础，"内感觉"（internal sense）就是哈奇森思想的认识论基础。为反对霍布斯道德起源于自爱和孟德威尔的"私恶即公益"等观点的片面性，从哲学上证明人性不仅具有自爱本能，也具有"仁爱"本能，哈奇森着重拓展了经验主义的认识领域，提出了内感觉和外感觉两种感觉论。"内感觉"成为哈奇森整个思想体系的核心概念。可以说，没有"内感觉"就没有"道德感"和"美感"。而没有"道德感"和"美感"，就没有哈奇森体系。

一、内感觉和外感觉

哈奇森两种感觉论的认识论渊源

贯穿于哈奇森整个伦理思想的内感觉和外感觉两种感觉论，是在一定程度上分别吸取了理性主义和经验主义思想的基础上建立起来的。经验主义和理性主义这两大思潮相互对立，几乎成为近代西方哲学发展的同义语，哈奇森不可避免受到这两大思潮的很大影响。经验主义注重归纳和感性直观在认识过程中的重要作用，认为人的一切知识来源于人的经验世界，普遍必然性知识只有通过经验才能够获得，只有感性经验获得的知识才具有最大的可靠性。也就是说，经验主义否定任何天赋观念和先天主宰力量对认识的干涉，认为最可靠的认识方法就是经验归纳法。知识的可靠性就在于它能够与认识对象相符合，或者至少可以还原为经验。第一位经验主义者为 F. 培根。与经验主义不同，理性主义强调理性的先天性特征，认为一切真理性知识的根本源泉是先天的观念，普遍性的知识只能产生于心中这些固有的、与生俱来的天赋观念，真理必须建立在天赋观念基础上，并通过演绎推理的方法才能获得。天赋观念本身具有自明真理性，不需要任何逻辑论证，是人类一切逻辑、意识活动的前提。理性直觉比经验归纳更具有可靠性。第一位理性主义者是用思辨形而上学开启了近代哲学的笛卡儿。哈奇森关于普遍必然性知识来源于"内感觉"的思想在一定程度上仍然属于经验感觉论，但同时又具有理性主义的部分特征。在众多的思想家中，笛卡儿和洛克对哈奇森认识论思想的影响最大。笛卡儿等人的思想将在后文相关内容中分别介绍，此处只把洛克的相关思想作一简要介绍。

约翰·洛克（1632~1704）出生于英格兰，父亲是一位律师，在英国革命第一次内战期间曾参加过反对王党的战斗。洛克与波义耳共同从事过试验科学研究，与托马斯·西德纳姆医生共同从事过医学研究。这两个人所推崇的试验、观察和描述的经验主义认识论方法对洛克产生的影响不小。同时，洛克自己受到笛卡儿的影响也很大，他曾经说过，正是笛卡儿第一个把他从经院哲学的思辨方式中解放出来。洛克主张把基督教建立在理性基础上，主张宗教宽容，反对宗教专制。他曾经做过莎夫茨伯利的祖父莎夫茨伯利伯爵一世的私人医生，不仅治好了他严重的肝病，还帮助他处理政治和经济事务，指导过莎夫茨伯利的早期教育。洛克虽然是经验主义的奠基人，推崇经验主义的认识路线，但是，在他身上仍然可以看出唯理论所产生的影响，这突出表现在他的两类观念、两类性质和两种经验形式、感性直觉等学说上，而这些观点直接成为哈奇森两种感觉论的主要来源之一。

两类观念学说。洛克认为，经验是一切知识的源泉，知识由观念组成。洛克把观念分为简单观念和复杂观念，简单观念就是感官在被动状态下直接感知到的对象的具体形象。任何观念都来源于经验，没有天赋观念。不同的感官能够感知到不同的观念。比如，通过耳朵能获得声音的观念，通过鼻子能获得气味的观念，通过眼睛能获得颜色、形状等的观念。复杂观念是简单观念的复合形式。洛克认为，心灵具有主动整合、处理简单观念的能力，它通过对简单观念的连接（比如圆、软、白等观念结合成为"雪球"观念）、区别（比如，"绿树"不是"狗"，把狗和树的观念区别出来）、抽象（比如，张三李四都是"人"，把"人"的观念从张三、李四中抽象出来，白马、白云、白纸、白板、白人都是"白"，把普遍的"白"从白马、白云、白纸、白板、白人等众多差异对象中抽象出来）等作用而产生。这种对复杂观念的接收和处理能力后来成为哈奇森内感觉的主要特征之一，而哈奇森的复合情感和简单情感正是建立在洛克的两类观念说的基础上。洛克的两类观念说直接和他的两类性质说、两种经验形式联系在一起。

两类性质说。为了进一步思考观念的真理性，把正确的观念和错误的观念区别开来，洛克把对象属性划分为第一性质和第二性质。所谓"性质"就是对象在心灵中制造观念的能力。第一性质是物体本身具有的广延、形状、数目、状态等，不管物体发生任何变化，这些性质永远不会和物体分离。第二性质是物体通过第一性质在心灵中产生观念的能力。比如声音、颜色、酸甜苦辣等。洛克认为，第一性质产生简单观念，第二性质产生复合观念。简单观念和事物的实际存在状态是一致的，看起来圆的东西实际上就是圆的。而复合观念却具有很大的主观性、相对性，感觉到酸的东西不一定是酸的。人们的错误不是产生于简单观念，而是产生于复合观念。无论是简单观念还是复合观念，都直接和人们的两种经验形式联系在一起。

两种经验形式说。洛克认为，经验包括感觉和反省两种形式，这也是观念产生的仅有的两种途径。感觉是一种外在经验，直接感知简单观念，直接感知对象的第一性质；反省是一种内在经验，对简单观念进行加工，它不依赖于外在感觉，但必须以感觉观念作为自己的加工材料。洛克说：反省虽然和外物毫无关系，不是感觉，但却非常像感觉，所以可以很恰当地称之为内感觉。然而，由于洛克已经把观念的"另外一个来源称为感觉"，因此，他把内感觉改称为"反省"（reflection）。反省就是内感觉，因为它所提供的观念只能通过心灵内部自我反省而得到。洛克特别指出，心灵并不能产生任何观念，不能直接认识事物，而必须通过经验得来，知识归根到底源于经验。感觉和反省就是经验的两种途径，理性和知识的全部材料都是从感觉和反省而来，我们的全部知识都是建立在感觉和反省上面。洛克关于感觉和反省的两种认识形式，后来成为哈奇森内感觉和外感觉的两种感觉论思想最直接的来源，而洛克明确提到的内感觉概念则直接成为哈奇森道德感和美感体系的核心概念。可以说，没有洛克的内感觉概念就没有哈奇森的伦理、审美、情感、政治、功利等思想体系。

感性直觉论。洛克接受了笛卡儿的思想，把内心直觉"清楚、明白"作为判断知识真理性的标准。他据此把知识分为三个等级：直觉知识、演绎知识和感觉知识。不需要通过任何观念而直接感觉的知识就是直觉知识。直觉是最高的认识方式，而且心灵不必辛辛苦苦证明或检视，一切知识的全部可靠性和明确性都依靠这种直觉。演绎知识通过概念的推演而得到，概念推演本身就是观念的复合和重新整合过程，早在笛卡儿的时候就被认为是一种类似于飞马、美人鱼之类的不可靠的观念来源，具有一定的不确定性。感觉知识就是通过感觉器官直接感知外在对象的观念，因而也是一种观念知识。洛克关于直觉的思想在一定程度上成为哈奇森内感觉直觉（也就是道德直觉、审美直觉）的直接理论来源。

这样，在洛克的学说中就存在了两种趋向：内在心灵活动和外在感觉活动。他把内在直觉作为知识的最高层次，但反对任何天赋观念学说，把内在的心灵活动也看作经验活动的方式之一。他的复杂观念、第二性质和心灵反省、内心直觉等认识论思想直接被哈奇森继承，成为道德感认识发生学的基础。

感觉与观念

哈奇森从经验主义出发，认为感觉是由于外在对象对主体发生作用而在心灵中产生的观念。"外物的显现及其对身体作用而在心灵所产生的观念就叫作感觉。"这句话至少包含三个意思：感觉依赖于对象对主体的显现——没有对象在主体面前的显现就不能引起感觉；感觉依赖于对象显现后对生理的刺激——对象虽然显现，但如果没有刺激主体，也不会产生感觉；感觉就是显现的对象及其对主体刺激在心灵中所引起的观念——感觉就是观念。

感觉对象不能直接被心灵感知，而必须通过感觉器官的中介作用，以观念形式进入心灵，感觉依赖于感官。感觉器官使人们具有接收感觉印象、观念的能力，在感觉世界和心灵世界之间起着一个桥梁和纽带的作用，没有感官就根本无法感觉对象的观念，不同的感官有不同的感觉，不同的感觉来源于不同的感官。哈奇森把经验内容和对经验内容的感觉能力区别开来，认为感觉器官具有先天的感觉能力，后天的习惯、教育只是一种经验内容，其产生、发展、变化都依赖于先天的感觉能力，任何后天的习惯、教育都无法产生先天感觉能力。哈奇森从感觉能力决定感觉内容的思想直接类推出道德感、美感决定道德认知、审美等观点。正如没有视觉、没有耳朵，我们就永远无法获得颜色及其美丽、音乐及其和谐等感觉一样，如果没有道德感、美感等内感觉，人们就感觉不到道德与美，甚至没有道德与美。

感官具有初步的分门别类功能。一方面，不同的感觉为不同的感官所司。听觉和视觉就表示人们感知颜色和声音的不同能力。不同的感觉器官能够区别不同种类的观念，耳朵、眼睛等不同感官严格的功能分工，使人们能把看似相同的对象区别开来。哈奇森举例说，纵然各种颜色之间千差万别，颜色永远不会被混同为声音。因为"完全相反的两种颜色之间存在的一致性大于任何声音和颜色之间的一致性"。另一方面，同一个感觉器官会把看似完全不同的观念统一起来，把不同强度、不同层次的感觉统一成为一个种类，并能够区别同一种类感觉的不同强度和不同层次。人们会自动把声音区别为噪声、和谐音，把马区别为黑马、白马等，把噪声、和谐音统一为声音而不是其他东西，把白马、黑马统一为马而不是其他动物或东西。感知对感觉材料这种独特的辨别整理能力让千万种感觉材料像它们实际存在那样在心灵中井井有条。哈奇森认为，除了触觉散布于全身以外，所有那几种感觉似乎都有各自不同的器官。如果没有感觉器官及其分门别类的功能，人们就会把各种感觉混为一团，颜色、声音、酸甜苦辣等将被混而为一。哈奇森把感觉分门别类的能力类推到内感觉中，提出不同的内感觉使人们具有不同的美感、道德感、快乐感等，从而感知美、道德和快乐等。

哈奇森认为，由于感觉受到观念联想、岁月变化、对象感性强度以及感官状态变化等的影响，因而具有一定的相对性。比如，虽然美酒爽口，但是，如果想到胃疼、醉酒呕吐等观念，美酒就不再爽口；随着岁月的推移，或者场合的改变，以前曾经很喜欢的东西现在可能不再喜欢了，而以前根本不喜欢的东西现在却突然喜欢起来；柔和的灯光会让人们感到很舒服，而刺眼的强光则会使人们感到痛苦；而且身体的变化会在不知不觉中引起观念的变化，在同样温度的水中，冰冷的手感到很热，温暖的手则会感到很冷。

哈奇森关于感觉相对性的思想蕴含怀疑主义的端倪。由于受到洛克关于对象第一性质和第二性质思想的影响，哈奇森认为冷热酸甜等第二性质都只是心灵的感觉观念，尽管这些客观对象中可能并不存在这种相似性，但是，人们一般想象对象存在某种正好与我们感觉类似的东西。后来，休谟进一步提出人们只能够认识自己的感觉，至于感觉之外的存在有何种性质，感觉之外是否存在等问题是人类理性永远无法回答的。这无疑把感觉的相对性导向了怀疑主义的死胡同。

感觉与观念综合

哈奇森认为，虽然感觉器官初步实现了对对象的分门别类，不同的感官对不同的感觉负责，但是，单纯的感觉器官不能形成综合完整的观念，也不能认识到自己范围之外的对象。比如，眼睛虽然能够区别不同的颜色观念，但却无法"看见"不同的声音、冷暖、苦乐酸甜等其他对象；眼睛虽然能看见苹果的形状、颜色，舌头能品尝到苹果的甜味，但是仅仅依靠眼睛、舌头等器官的"单打独斗"，永远不能形成一个完整的"苹果"观念。如果不能把各种不同种类的感知材料综合起来，那么，人们只有昨天、今天、明天等独立的观念，既不能把昨天、今天和明天联系起来，也不能区别昨天、今天和明天；如果不能使综合起来的材料仍然保持相对的独立，就会导致不同的感觉材料彼此隔绝，或者不加区别被混为一谈，那么，人类只有红、圆、甘甜等彼此毫无联系的感觉材料，仍然不能形成"苹果"等综合观念；如果缺乏观念联想和辨别功能，即便人类感官存在健全的分门别类功能，因果观念、逻辑推理等也都将因此被彻底摧毁。

人依靠心灵完成对观念的再联系：观念的综合。心灵具有复合观念的能力，能够对感官所接收到的、互相分割的观念进行重新组合，增减其观念（内涵）。哈奇森继承和发展了洛克的认识论思想，认为心灵对观念的处理能力包括：通过观念对对象进行对比，观察对象的关系和比例，在一定比例和一定层次上随意增减对象的观念，把混合在一起的感觉观念分离出来并进行单独思考等。观念综合在很大程度上就是一种观念联想，而观念联想的差别则直接导致人类认识的差别，以及情感嗜好的差别。和外感觉一样，在审美感中，观念联想也是导致显著的嗜好差异的主要原因之一。同时，心灵还具有对观念进行分析的能力。当各种观念在感觉阶段互相混合在一起时，心灵能够单独分离其中一个或者几个观念，并对它（们）进行分析思考。哈奇森认为，心灵对观念这种独特的分离、分析的过程就是抽象（abstraction）。抽象实际上是心灵对观念及其观念之间联系——观念联系也就是复杂观念的产生过程——的控制和整理过程。当然，心灵的这种主观能动性、相对独立性也会让认识在一定程度上扭曲感觉对象的实际状态，甚至杜撰出一些根本不存在的观念，如美人鱼、飞马等。很显然，哈奇森关于观念综合的思想一定程度上是受洛克两类观念、两种经验形式、两类性质等思想影响的结果。

内感觉与普遍观念

在心灵对观念的加工处理过程中，观念已经不仅仅指简单观念，而且包括观念之间的"相互关系和比例"（Relations and Proportions）、"差异中的一致性"（Uniformity amidst Variety）等等。观念成功超越了对象的直观形式，具备了相对独立的主观存在形式。心灵对观念的加工重组整合，把那些经过感觉器官初步加工的千差万别的简单观念进一步综合、统一起来，对这些观念及其观念之间的相互关系进行整理——分割、融合、放大、缩小等，通过观念分离和综合实现观念联系——分离也就是一种联系。这就是心灵相对于外感觉的独特功能：被分离观念的再联系以及被联系观念的再分离。

心灵对这种普遍、抽象观念的接收和再处理能力就是内感觉。内感觉是一种高于外感觉的感知形式。外感觉只能感知到对象的具体观念，不能感知无数个别观念之间的普遍一致性。比如，单纯的外感觉既不能体会到差异中的一致性，更无法感知这种"差异中的一致性"所包含的"美""善"等抽象观念，从而无法产生相应的美、丑、善、恶等情感。人们通过外感觉所能感觉到的山就是山，红就是红，红山就是红山，不会产生雄伟、娇媚、迷人等观念。只有内感觉才能让人们形成"美""善"等抽象观念。对内感觉缺失者而言，美丑之间的区别是没有意义的。丑既不会让他恶心，美当然也不会让他快乐。只有内感觉才能接收到这种普遍、抽象的善恶美丑等观念。因此，哈奇森说，我们可以更恰当地用另一个名字命名这种更高级、更让人愉快的对美与和谐的感觉，把接收这些印象的能力叫作内感觉。

在哈奇森之前，笛卡儿曾经认为观念有三个来源：天赋观念、感觉观念和心灵制造的观念。他认为，有一些是天赋的，有一些是外来的，有一些是自己制造出来的。因为"我"具有一种能力来设想我们一般称为事物、真理或思想的东西，所以"我"觉得"我"的这种力量不是从别处得来的，只是来自"我"自己的本性；可是如果"我"现在听到某种声音、看见太阳、感觉到热的话，"我"直到现在为止都是断定这些感觉来自某些存在于"我"以外的东西的；最后，"我"觉得美人鱼、飞马以及其他这一类的怪物都是"我"的心灵的虚构和捏造。洛克受到笛卡儿的影响很深，直接继承了笛卡儿关于观念来源于感觉和心灵制造的思想，但反对天赋观念。洛克认为经验是一切知识的源泉，知识由观念组成，观念分为简单观念和复杂观念，经验包括两种形式：感觉和反省，它们是观念产生的仅有的两种途径。洛克已经明确指出，反省就是内感觉，在一定意义上也就是笛卡儿关于心灵对观念的作用过程。

哈奇森继承了洛克把感觉和反省作为一切知识、观念源泉的思想，把洛克的反省还原为内感觉，并且大大拓宽了内感觉的功能。感觉被哈奇森一分为二：内感觉和外感觉。内感觉虽然也是一种经验"感觉"，但是，哈奇森把抽象、普遍性对象作为内感觉的认识对象，把善恶美丑等普遍、抽象的观念建立在内感觉基础上。因此，内感觉是另一种既不同于外感觉又不同于理性演绎的认识方式。感觉被一分为二，感觉对象也因此被一分为二：具体特殊存在和抽象普遍存在。外感觉只能感知具体、感性的对象，接收这些对象的简单观念，内感觉则能够感知抽象、普遍的对象，接收这些对象复杂的观念。内感觉使经验论超出了感性直观的局限，拓宽了经验主义认识领域。两种感觉论是哈奇森反对霍布斯等人自爱论的认识论基础，他关于道德与邪恶、仁爱与自爱、道德情操与自爱情感、道德功利与自爱功利等的区别都与两种感觉论有密切联系。和外感觉受制于外在感官刺激不同，内感觉不依赖于感官刺激，具有先天性、内在性、普遍性、直觉性等特点。

二、先天内在的认识根据

在哈奇森生活的时代，关于普遍知识的来源问题一直是理性主义和经验主义的一个"分水岭"。以笛卡儿等为代表的理性主义者认为，普遍知识只能产生于人的理性、天赋观念等，直觉和推理是获取可靠性知识的两种途径。以洛克等人为代表的经验主义者认为，一切知识来源于经验，普遍知识也不例外，经验感觉是普遍知识的唯一来源。任何观念和情感要么是后天习惯教育的结果，要么是对利益期待的结果，但和任何天赋观念无关。他们大都反对给认识赋予任何内在的、先天的根据，认为只有经验到的东西才是最确实可靠的。

哈奇森继承了经验主义的感觉论，把感觉作为一切知识（包括普遍知识）的唯一源泉。但是，他不同于一般经验主义者的地方在于，他把感觉区别为内感觉和外感觉。外感觉只能感知简单观念，只能感知具体事物的大小、比例、颜色、结构等等，却不能感知事物的抽象、普遍观念，无法感知普遍知识。教育、习惯等也只是一种后天的经验因素，同样不能创造出感知复杂的抽象、普遍观念的能力，对这些复杂的抽象观念的感知必须通过人所共有的"内感觉"。内感觉是先天、内在的认识根据，也是普遍、抽象认识对象显现的前提。

内感觉是先天、内在的认识根据

哈奇森认为，感觉能力是内心存在的一种先天能力。人们有了视觉才能够感觉颜色，有了听觉才能够形成声音的观念，如果没有相应的感觉能力就不可能产生相应的感觉。一个绝对的瞎子看不见任何颜色，一个绝对的聋子听不见任何声音。而一个天生没有味觉的人，任何教育都无法使他获得味道的观念，或者喜欢肉香。人不需要教育就天生能够感觉酸甜苦辣。因此，感觉能力是天生的，是一切感觉活动的前提，不需要任何后天教育或经验就自然拥有，任何后天教育或经验都无法创造人们本来没有的感觉能力。

内感觉作为一种"感觉"，作为一种感知善恶美丑等普遍、抽象对象的特殊感觉，是人类特有的先天感觉能力，同样不需要任何教育或经验就先天存在于人心中，它先于所有的习惯、教育或者实例（经验事实）。正如有了视觉才能感知颜色一样，人们有了内感觉才能够感知普遍性、抽象性的善恶美丑等对象。没有眼睛就看不见颜色，没有道德感就无法感知善恶，没有美感就无法知道美丑，没有内感觉就彻底失去了善恶美丑等观念。与任何教育都不足以产生酸甜苦辣等感觉类似，哈奇森认为，任何教育和习惯等后天因素都不足以创造任何内感觉，也无法根除任何内感觉。内感觉是先天的、客观的，不会因为任何后天因素而生灭，这就是内感觉的**先天不变论**。

但是，哈奇森认为，习惯和教育能够影响内感觉。后天因素虽然对内感觉的**存在**无能为力，但能够影响其**存在状态**，这就是内感觉的**后天影响论**。这种影响表现在它能够增加或者减弱内感觉。例如，经过对不同部分（对象）中的巨大差异进行长时间的审视（研究）后，人们会形成比常人更强的抽象概括能力；经过专业的强化训练后，艺术家的艺术敏感度将远远高于普通人；经过教育而变成内行的人对于特定领域的感知能力高于一般人，而且会从超常的感知中获得超出一般人的超常快乐。所有这一切都说明，内感觉在一定程度上受到外在、后天因素的影响。

但是，这种影响只能够提高内感觉的感知能力，提高人们对复杂对象的分析能力，提高对复杂观念的综合整理能力，却不能从根本上创造任何一种崭新的内感觉。因此，在哈奇森看来，内感觉是自然如此、天生的东西，是无法后天创造的，单纯的后天教育、习惯永远不会提供任何内感觉观念。哈奇森关于道德范畴的变化和道德感永恒不变的辩证思想就是建立在内感觉的先天不变论和后天影响论基础上的。

内感觉是普遍、抽象认识对象显现的前提

哈奇森认为，这种先天存在的内感觉（比如美感、道德感

等）是一种内在的认识根据，是普遍性观念得以显现的前提。人类之所以具有审美、善恶判断等能力的根源就在于内感觉的先天普遍性。没有这种内在的根据，我们就无法感知外在对象的善恶美丑等客观属性。如果不具备感觉美与和谐的本能，我们就永远不会喜欢漂亮的物体或和谐的声音。每个人都有内感觉，因而每个人都有善恶美丑的感觉能力。由于内感觉能力高低在不同程度上受到后天教育、习惯等因素的影响，因而对善恶美丑的感觉程度也不同，对善恶美丑的判断也会出现差异。道德和审美的内在标准实际上就是价值判断和审美判断的主体性原则，而这种标准在不同人身上的不同变化是道德相对性的根源，本质上也是主体性原则的体现之一。

哈奇森批评一些哲学家忽略了内感觉的存在。他认为内感觉的存在是不容置疑的。他举例说，普遍法则是客观存在的，稳定的普遍法则是人们生存的基础。如果自然过程没有固定的普遍法则，人类就不会有谨慎或谋划，也不会从原因期待结果，没有行动方案和计划，或者任何规范性行为。普遍法则为人们的生活提供方便。人由于受到自己知识和能力的限制，如果他们理性地（而不是率性地）追求自己的利益，必然会采取最简单方式行事，创造普遍的规则，研究有规律的物体，从而避免在无穷无尽的劳作中做一些重复的事情——思考没有规律的差异，机械记忆没有规律的观念等；当人们为了同一种利益而同时面对不规则物体和规则物体时，他们会优先"研究规则物体"，最大限度避免麻烦和消耗自己。但是，如果没有内感觉，单凭眼耳鼻舌身等外在的感觉器官和感觉能力，人们永远只能够认识具体、零碎的外感觉观念，永远无法把握客观世界的普遍规则，永远不会知道什么是"善恶美丑""差异中的一致性"等，永远不会把握和利用规律使行为更加方便有效。因此，普遍法则就是内感觉存在的铁证，道德感和美感就是人类借助内感觉把握普遍性的两种能力。

内感觉不仅促使人们不断追问事物的内在一致性，把握各种不同事物之间的普遍属性，使人们探究或确定任何不规则形式的观念，认识不同事物之间的内在联系，并用观念的形式把握这种联系，而且能够帮助人们通过"清晰的观念"（distinct Idea）区别事物。也就是说，内感觉对普遍法则的认知能力让人们有条件同中求异，异中求同，是人类特有的分析和归纳等抽象思维本能的基础之一。人们思考千差万别的事物时，如果找不到其中的普遍一致性，就非常难以理解和记忆，相反，人们所想的对象中如果存在差异的一致性，就比那些不规则对象更清楚、更容易理解和记忆。只要准确观察这些规则对象的一两个部分，人们甚至可以根据这些普遍规则从部分推导全体，从三角形的一条边推导其他两条边，从半径推导全圆，等等。

后来，休谟进一步思考人类认识的内在根据。休谟发现，作为人类认识基础的因果等观念仅仅是一种习惯性联系，其自身并不存在内在的必然性。休谟由此得出了怀疑主义的结论：人们通过这种习惯性联系所认识的世界其实只是一个感觉世界，人们不可能知道客体世界的本来面目是什么，更不应该询问感觉外世界是否存在。他的怀疑论无疑向理性的权威提出了严峻的挑战，直接动摇了人们对自然科学等理性认识方式的信心。后来，为了回答休谟的挑战，为自然科学找到一个坚实的认识基础，康德进一步深入思考认识的主体性原则，为人类认识找到了先天范畴根据。他指出，先天范畴是人类认识得以可能的基础，没有先天范畴的人类认识是不可能的。人的认识创造了人所认识的世界，而不是人所认识的世界创造了人的认识。这样，康德（经过休谟）就把哈奇森在伦理和审美领域的主体性原则拓展到人类认识的一切领域，在人类认识领域引发了一次哥白尼革命——认识从外向内的被动过程被颠倒为从内到外的主动过程。从这点上说，哈奇森在道德领域表现出来的认识主体性原则在一定程度上通过休谟为康德的认识论作了一定的铺垫。

值得注意的是，哈奇森认为内感觉这种先天的抽象认识本能和天赋观念是两回事。内感觉是一种支配心灵感知对象并创造观念的能力，和外感觉一样，内感觉并不预先假设天赋观念，或者知识原理。因此，内感觉不是观念，更不是天赋观念，而是一种在观念之前并接收观念的天赋能力。哈奇森把感觉和感觉过程、感觉对象区别开来。他认为，正如人们能够感觉某种声音的和谐一样，人们也必然存在一种对规则物体之美的感觉。人们通过耳朵感知声音、眼睛感知颜色，通过内心存在的内感觉感知声音的和谐（而不仅仅是声音本身）、颜色的漂亮（而不仅仅是颜色本身），感知对象规律的先天能力，这就是内感觉区别于外感觉的独特功能。

哈奇森对普遍法则的信任在某种意义上是驳斥怀疑主义的有力证据之一。如果没有普遍法则，或者缺乏把握普遍法则的能力，世界将变成瞬息万变、毫无规律可循的荒谬存在，那么，人们将无法归纳过去的事件，无法预见未来之物，无法预见自己的行为后果，甚至无法预知白天黑夜在什么时候发生，那么，人们必然无法决定自己的行为，手足无措，甚至会把砒霜误认为美酒，把耗子误认为美女。但事实是，只要有正常理性的人一般不会发生这些常识性错误，人们的内感觉能够指导人们遵循客观对象世界的规律而进行正常的衣食住行等日常生活行为。因此，人的现实存在就是世界普遍法则及其反映这种普遍法则的内感觉客观存在的可靠依据之一。哈奇森以内感觉为基础的哲学体系，对西方传统伦理学、美学、认识论等领域的一些热点问题进行了有益的思考，并提出了一些富有启发性的思想。

三、非自爱情感的源泉

以内、外感觉的认识论为基础，哈奇森提出了非自爱情感和自爱情感并行不悖的两类情感说，以此证明自爱和仁爱是两种并行不悖的人性。同时，哈奇森以内感觉高于外感觉的原则为基础，证明非自爱情感高于自爱情感，以此论证仁爱人性是一种超越于自爱人性之上的更深刻的人性，以反驳自爱人性论的片面性，确立道德仁爱在人性中的"合法"地位。

哈奇森认为，（对象）形式本身并没有使人感到不愉快的东西，不足以让人产生任何情感。只有人们通过感觉感知到对象的观念后，通过观念联想（判断）赋予对象某种价值属性，心中才会产生相应的情感。也就是说，情感和人的感觉及其感觉观念之间有内在联系，是人们对对象属性感觉的结果。

不同的感觉有不同种类的情感，同一感觉，不同的种类会产生不同强度的情感。外感觉只能够感知到对象具体的、感性的属性，获得感性的观念，从而让人产生感性情感；而对象深处那种普遍的、抽象的观念（比如和谐、一致性、美、善等）都只能够通过内感觉才能被人们感知到，并在人的内心产生普遍、深沉的情感。外感觉在一定程度上表现了自爱人性，激发人的自爱情感；内感觉不仅是人类感知普遍观念（比如善恶美丑——哈奇森着重强调了道德和审美领域的道德感和审美感）的能力，也是人们产生美丑等非自爱情感的基础，体现了人的非自爱人性。因此，哈奇森以两种感觉论为基础，把外感觉情感和内感觉情感与自爱人性和非自爱人性联系起来，提出了自爱情感和非自爱情感并行的两类情感说：源于自爱人性功利得失的情感属于自爱情感，非源于自爱人性功利得失的情感属于非自爱情感。

哈奇森认为，外感觉情感和功利损益密切相关，具有功利性特征，内感觉情感则无关于任何利害得失，没有功利性特征；因为利害得失而产生的情感是外感觉的情感，和利害得失无关的情感就是内感觉情感。他认为，宇宙中的很多部分似乎根本不是为了对人们有用而设计的，人们不会因为没有利害得失而丧失对宇宙美的享受，当然也不会因为一个恶棍向他们重金行贿而对他产生崇高的情感。哈奇森举例说，如果因为拥有一幢辉煌漂亮的建筑物而高兴，那么，这种情感就是一种源于功利得失的外感觉情感，属于自爱情感。反之，虽然自己不是该建筑物的主人，自己和该建筑物的拥有者也没有任何关系，但是，自己一看到这幢建筑物就感到一种美的震撼和快乐，这时候内心所激发的情感就是一种非功利性的内感觉情感，属于非自爱情感。因此，哈奇森认为，无论是道德情操还是审美情感都与利害无关，同属于非自爱情感。根据这个思想，他把霍布斯、孟德威尔等人的自爱情感归结为外感觉情感，而把道德情操、审美情感等归结为内感觉情感。

和内、外感觉分类一样，两类情感说也是为善恶两性论服务的。通过论证非自爱情感的存在，哈奇森证明了非自爱人性的存在，通过对自爱情感和非自爱情感对比分析，哈奇森认为非自爱情感高于自爱情感，以此证明非自爱人性高于自爱人性。

首先，从性质和对象看，内感觉情感高于外感觉情感。哈奇森这个观点主要是针对快乐主义而提出的。快乐主义认为，感官肉体快乐是快乐的全部，是幸福的根源，纵情于物欲是充分享受生活的最高方式，因而拼命追求物质财富、追求肉体快乐正是人性自爱的表现形式。要反驳自爱论，首先必须反驳快乐主义，为此，哈奇森以两类情感说为依据，对快乐主义思想观点展开了深刻机智的批判。哈奇森认为，内感觉情感属于非自爱情感，外感觉情感属于自爱情感。外感觉情感（比如性爱）是一种低级、短暂、肤浅的肉体快乐，内感觉情感（比如情爱）则是一种高级、持续、深沉的精神快乐。它们（内感觉）在生活中给我们所造成的不管是快乐还是不快乐，其程度和效果都超出我们所有外感觉的总和。从非自爱情感高于自爱情感的前提出发，哈奇森证明了道德情操高于自爱情感，并由此证明仁爱不仅是最基本的人性，而且是比自爱更高级、更深刻的人性。

其次，从观念层次看，内感觉情感高于外感觉情感。受洛克影响，哈奇森也把观念区别为简单观念和复杂观念。他还进一步把情感和观念直接联系起来，认为两者相互影响、相互促进。简单观念产生简单情感，复杂观念产生复杂情感。包含自然的美、规则与和谐的复杂观念，能够产生更强烈的快乐感。他举例说，一张表情丰富的漂亮脸蛋比一种单调的漂亮颜色更让人高兴；伴随着五彩的云朵、雄伟的建筑、满天的残星以及美好的景色而冉冉升起的太阳，比单纯空旷的天空更让人感到高兴；一曲雄伟的乐章比一个单纯的音符更能震撼人心。只有内感觉能够感知这些复杂观念，并激发这种复杂观念特有的强烈情感，而外感觉则无法接收到这些复杂观念，只能够激发简单观念所特有的低级情感。因此，内感觉情感高于外感觉情感。

第三，从实现手段看，内感觉情感高于外感觉情感。16～18世纪的欧洲，清楚明白的直觉方式被认为是最高的理性认识形式，是获得真理性知识的重要途径，能够直接洞察不可怀疑的内容。笛卡儿曾经把直觉和演绎融合起来，直觉成为其逻辑演绎的前提，直觉原则是其哲学体系的第一原则。哈奇森在一定程度上受到直觉主义的影响，他认为，道德、审美等非自爱情感不是从知识、逻辑、推理等理性世界中产生，而是内感觉的直觉，和理性的推理、演绎等没有关系。对对象的"精确知识"并不能产生美与和谐的快乐，审美快乐不会从规则、比例、原因或者对象的功用性等理性认识中产生，而首先由美的观念中激起。因此，外感觉所发现的最精确的知识常常并不产生美与和谐的快乐。一个具有相应内感觉的人，不需要任何对感觉对象的精确知识就能马上享受到和谐与美的快乐，正如一个有好味觉的人不需要很多知识就可以马上享受到美味一样。他认为这种伴随情感发生的内感觉是人类一种"更强大的能力"（greater capacity）、一种"超级能力"（superior power），以内感觉为基础的非自爱情感比那种以外感觉（知识）为基础的自爱情感更高级、更有价值。

第四，从动机和目的看，内感觉情感高于外感觉情感。快乐主义者认为，追求现实经验的快乐是人类一切行为的最终根据，是一切行为的唯一动机。人的心灵以及一切有思想者的一切欲望都归结为自爱（哈奇森认为自爱也就是个人追求快乐的欲望），任何人的所有行为都根源于其中。哈奇森批评快乐主义者忽略了内感觉的存在，他们所谓的感觉仅仅是一种外感觉，而在外感觉之外还存在内感觉这样一种更高级的认识方式。

他认为，情感先于理性，人们之所以对财富和地位、"权"与"钱"钟爱有加，原因即在于人们内心直觉到它们所蕴含的快乐和享受。内心直觉是一种脱离于理性并先于理性的先天能力。由于这种先天能力，观念之间的联想使物体变得令人愉快、舒服，或者使物体变得令人讨厌。如果观念相符合，就会产生和谐的情感，如果不符合，就会在内心产生痛苦的情感。因此，人们赞赏和谐、美丽的对象，不喜欢畸形、丑陋的对象。人们对一些扭曲的"丑陋"形象感到不舒服，而对一些和谐的东西感到快乐。人们不是因为快乐才获得美丽、善良，而是因为美丽、善良才获得快乐；不是因为知道了道德善恶、知道了对象的价值、知道了均衡和谐、知道了因果来源等才产生快乐，而是因为这些知识以美、善等观念形式直接"触动了"我们的内感觉，从而激发快乐情感。人们行善、求美就是为了实现追求善、美的本能，人们不是为了获得快乐才去行善和审美，而是在行善和审美过程中获得快乐的观念及其情感，行善、求美的动机就是善、美自身，而不是善、美之外的快乐。快乐不是善恶美丑的原因，而是它们的结果。那些为了快乐而求善、求美的行为永远得不到善和美，也永远享受不到善与美所蕴含的快乐。因此，快乐主义把快乐作为一切行为的唯一标准是错误的，用快乐动机论证自爱人性、拒绝仁爱人性等更是片面的。

这样，哈奇森从经验主义感觉论出发，把感觉区别为内感觉和外感觉，揭示了内感觉内在认识根据决定外在认识对象的认识模式，拓宽了经验主义认识论领域。内感觉是一种内在认识根据，决定外在认识对象，以普遍、抽象的对象为内容，是人们把握普遍抽象性对象的根据，一种从内向外的认识模式。内感觉高于外感觉。内感觉在一定程度上体现了人的仁爱天性，是非自爱情感的源泉。他以内感觉和外感觉两种感觉论为基础，提出了两类情感说、两种功利说等思想，以此论证自爱人性和非自爱人性并行不悖的善恶两性论，批判霍布斯等人用自爱人性、私恶人性取代仁爱人性的思想，把仁爱确立为高于自爱的人性本质，认为仁爱是人和动物的根本区别，从而通过仁爱天性恢复了人的尊严。内感觉理论是哈奇森批判自爱论、论证仁爱论、构建道德感伦理体系的重要理论基础，是解开整个哈奇森思想的核心范畴。

第 3 章

道德感：哈奇森伦理思想的核心

道德感就是内感觉的主要表现形式，体现了人们天生怜悯、关爱他人等仁爱天性。作为内感觉的主要形式，道德感具有内感觉的特征，遵循主体性认识原则，属于非逻辑演绎的本能直觉。哈奇森认为，道德感是道德定性的唯一标准，没有道德感就无法分清善恶；道德感是道德行为的唯一动机，没有道德感就没有善恶行为；道德感是道德情操的唯一源泉，没有道德感就没有对善良的喜好和对邪恶的痛恨。

一、道德感与善恶之争

在西方伦理史上，善恶问题是一个源远流长的老问题。苏格拉底、柏拉图以知识和理念为善；亚里士多德以是否符合经验中最好和最完全的德行为善；中世纪以是否信仰和符合上帝的意志为善；功利主义者以是否有利为善；自然人性论者以能否让人得到快乐或幸福为善。后来，霍布斯开始提出善恶起源于人的自爱本能以后，经过了莎夫茨伯利、克拉克等人的思考，到孟德威尔的时候，他就鲜明地提出善恶起源于个人的

"私恶"。

哈奇森激烈反对孟德威尔这种极端的自爱人性论。他继承莎夫茨伯利关于道德仁爱是人的天性的思想，逐渐建立并进一步完善了道德感体系，并在此基础上系统反驳霍布斯和孟德威尔否定人的仁爱天性的极端观点，确立了善恶两性论的伦理体系。可以说，除了前面提到的理性主义和经验主义以外，哈奇森的道德感还和当时的人性论思想密切相关，特别是关于人性善恶的争论，直接成为哈奇森道德感体系的主要"接生婆"。

霍布斯的自爱人性论

托马斯·霍布斯（1588～1679），欧洲16～17世纪伟大的伦理学家，是第一个运用几何学方法从人性演绎论证君权专制合理性和优越性的哲学家。早在1628年的时候，霍布斯已经预感到了反对君主而要求获得权力是危险的。为了给相互敌对和倾轧的各社会集团对君权的威胁发出严正警告，霍布斯翻译了修昔底德的《伯罗奔尼撒战争史》，该书正是通过雅典民主政治的恶行展现了雅典的衰落。1651年，也就是查理一世被送上断头台两年以后，霍布斯用英文写成的《利维坦》出版。在书中，霍布斯力图通过对人性的分析，找出最适合人类社会的国家形式，为君主专制辩护，把王权和神权分离，把王权建立在以人性为基础的契约之上，并对其合理性以及与宗教教义的关系作出论证。霍布斯的伦理思想引起了关于道德善恶观念起源的长期争论，并成为后来道德哲学发展的出发点和推进剂。哈奇森的著作《关于美和德的观念的起源的研究》就是针对善恶观念起源争论的一种回应。

霍布斯认为，自爱是人的第一天性，人们采取一切手段保存自己就像"石头滚下山坡"一样自然。社会仅仅是人们实现自我保存目的的工具之一，它要么是为了逐利，要么是为了追名。也就是说，社会建立的原因在于人们爱自己胜过爱别人。他效仿数学的演绎方法，从"自爱"演绎出每个人对每个人战争的自然状态，以及契约社会、道德、政治、利维坦的君主专制等一系列社会现象。

在自我保存的最高原则下，任何人的任何手段都是合理的，这就可能导致一切人对一切人的战争状态，也就是"自然状态"。每个人对每个人的战争状态不仅仅是表现为刀光剑影或枪林弹雨，更表现在无形的恐惧和攻击意愿中。它不是曾经出现的缥缈的历史阶段，而是存在于任何丧失社会功能和政府权威的时间和地点。在"自然状态"下，如果一个人耕田种地、修建房屋或者拥有一把舒适的椅子，其他人就可能联合起来，用武力抢夺他的劳动成果、剥夺他的自由甚至毁灭他的生命，而抢劫者也同样面临被抢劫的危险。

在这种人人自危的战争状态中，每个人自顾不暇，一切人拥有对一切的所有权，因而没有私有财产，没有商业，没有交通工具，没有艺术，没有建筑，没有知识，工业萧条，文明败落。一切都是虚无，唯一存在的就是无穷的恐惧、暴亡、孤独、凶残和敌意。因此，"自我保护"的自爱本能不仅把每一个人推进了人对人像狼一样的战争状态中，而且把每一个人推进了无穷的恐惧、孤独、穷困和龃龉中，随时面临暴亡、短命和危险。自爱产生了恐惧，恐惧加剧了恐惧。

自然状态下，一切人拥有一切的权利将使一切人失去一切，每个人不择手段的自我保护将导致没有人能够自我保护，每个人对每个人的敌视将会让每个人陷入对任何人的战争中，从而根本无法实现"自我保护"的目的。理性让人们认识到，如果每个人都渴望和平，那么，每个人都应该积极创造和平；如果他得不到和平，那么，他可以不惜通过战争手段实现和平。为了和平，为了保护自己，人们必须这样做，即放弃对一切的所有权。同时，己所不欲，勿施于人。这条原则的核心就是通过放弃自己而保存自己，通过让渡权利而保护权利，它最终导致社会契约的产生。因此，霍布斯认为，社会契约最终还是建立在自爱人性基础上。

但是，如果有一个人或者一部分人不遵守契约，契约仍然只是一纸空文，一切人拥有一切的自然权利依然存在，每个人对每个人的战争状态仍将延续，那么，每个人仍然无法实现保存自己的目的。于是，人的理性再一次为人们设定了另一条原则：人们必须执行已经订立的契约，通过强制执行契约以实现契约的目的——人的生存和发展。根据这条原则，人们推举具有无上权威的利维坦保证契约的权威性和有效性，以保护所有契约人的安全，实现契约的目的。霍布斯赋予利维坦至高无上的权力，它打破了人们在自然状态的平等，在任何方面都拥有对任何个人的绝对优势，能够强迫每一个人忠实履行自己的契约。这样，霍布斯不是从神性寻找君主专制的合理性，而是从人性自爱论证其必然性。人性取代了神性，人权代替了神权，"君权神授"最终被"君权人授"所取代。

契约就是法，毁约就是违法，就应该遭到惩罚。利维坦的责任就是规定法律（立法权）和执行法律（司法权）。利维坦的产生意味着"一切人对一切拥有所有权"的自然状态法则随之破产，绝对平等消失了，私有制得到保护，财产权随之出现。法律成为不平等的根源，国家随之产生。

霍布斯直接从法律推演出道德正义，法律是道德正义存在的前提。人们如果违背了自己让渡的权利，不遵守法律，就是

"非正义"。因此，如果没有普遍接受的权利，就没有法律规则，没有法律规则，就谈不上道义。

很显然，在霍布斯看来，契约是国家主权、法律、道德等社会存在的基础，契约不是目的，而是实现目的的工具。权利和利益的让渡也是实现目的的手段。无论何时，当人们放弃或者让渡自己的权利时，他要么就是想得到其他人相应的权利让渡，要么就是想得到相应的利益回报，所有让渡或者放弃权利的自愿行为都是为了"自身利益"这个唯一的目标。"自愿"实际上是"自爱"动机下迫不得已（非自愿）的行为。

霍布斯认为，国家以及国家的代表利维坦无论做什么都不能伤害契约人的利益，因此，利维坦无论做什么都是正义的。利维坦可以随心所欲，就是不能违背契约。其权威的根据是契约，权威的目的也是契约。"契约"就是在利维坦之上的"利维坦"，其"正义"与否的唯一标准就是契约人的"利益"。在霍布斯看来，至高无上的不是利维坦，而是人的自我保存，它和自然法、理性、战争、社会、法律等一样，都是人们在不同阶段实现自爱本能的一种工具。

霍布斯规定了一些不可让渡的东西，比如生命、痛苦和安全等。理由是：第一，如果人们让渡了自己的生命，和生命孪生的所有权利和利益都将丧失殆尽，让渡因此将失去目的而毫无意义，让渡生命因而将变得不可理喻。第二，任何让渡对象都是自己所爱，因而也是每个人所爱，而痛苦是每个人尽力摆脱的东西，因而也是每个人避之唯恐不及的东西，因此，自己不需要让渡痛苦，别人也不接受自己让渡痛苦。第三，动机（安全）不可让渡。霍布斯认为，一切让渡行为都是实现自我保存（安全、存在）的工具，如果放弃了这个让渡的动机，这种让渡要么就是另有所图，要么就是出于无奈，要么就是神经病，无论如何是"不可理喻"的。

因此，在霍布斯那里，契约就是利益凝聚体，契约王国就是权利让渡的蓄水池，建立在契约之上的王权、法律、道德等都是所让渡的利益的抽象载体。王权、法律、道德等只有实现让渡利益才是真的，只有真的王权、法律和道德才是善的。违约就是侵犯利益，就是犯法，就是缺德，因而就必然遭到极权的惩罚，而契约的根本原因就是人们保护自己存在的自爱本能。

很显然，在霍布斯看来，无论是自然状态下每个人对每个人的战争，还是契约状态下每个人对每个人的权利让渡，都是"自我保存"的自爱本能借以实现自己的工具或者手段。每个人在战争状态下赤裸裸的恶，以及在契约状态下温情脉脉的善，都是"自爱"人性的最高原则在不同环境下的表现形式。人们创造契约、社会、国家的目的是约束自爱本能，以避免自爱人性的消极因素。他以此论证了用社会契约和专制制度维护社会利益的必要性和合理性。

莎夫茨伯利的仁爱学说

莎夫茨伯利（1671~1713）是著名的辉格党领袖莎夫茨伯利伯爵一世的孙子，1671年生于英国伦敦，1686~1689年访问欧洲大陆，受大陆学术思想影响很深，并有很高的艺术鉴赏能力。洛克曾经指导过他的早期教育。1695~1698年加入国会会员，1713年病逝于意大利的那不勒斯。莎夫茨伯利的伦理思想对哈奇森的影响非常大。可以这样说，哈奇森的主要伦理思想都可以从莎夫茨伯利的学说中窥知相应的端倪。其中对哈奇森影响比较大的思想有无绝对恶说、动机至上论、道德感理论、情感冲突论、道德宗教二分论等。

无绝对恶说。莎夫茨伯利认为，世界由相互并列、相互层叠的体系构成，各个体系之间可能相互促进，也可能相互冲撞。对某个体系的恶可能是对另一个体系的善，对一个大体系的恶可能是对一个小体系的善。比如，一个人损害了他人或者集体的利益，其行为对其他人或者集体而言肯定是恶。但是，由于人的这种自爱本能而促进了整个人类的繁荣，因而就他个人和整个人类而言，这种对他人和集体的恶也是一种善。因此，善恶的定义必须根据不同体系来确定，没有绝对的恶。哈奇森后来放弃了莎夫茨伯利这种道德相对主义，继承了其动机至上论思想，区别了自爱和仁爱动机，把仁爱利他动机作为道德定性的唯一标准，反对把一切自爱动机支配下的行为列入道德领域中。

动机至上论。莎夫茨伯利认为，人是有情感的动物，他把人的情感分为三种：自然情感、自我情感和非自然情感。自然情感是一种社会情感，倾向于社会和他人的利益；自我情感倾向于个人利益，可以为善也可能为恶；非自然情感是对自己和他人都没有任何好处的恶行。只有出于利他情感的行为才是道德行为，否则就不算道德行为——即便该行为给社会或他人产生了实际利益。也就是说，道德性质取决于道德动机而不是道德效果。一个病人虽然给他人带来了极大损害，但不是缺德行为；一个人虽然因为惧怕惩罚而不做坏事，但不是有道德的人。他曾经说，对一个有感觉的生物，他完全不经过任何情感而做的事情并不使他本性上成为善的或者恶的，而只有当与他有关的体系的善或恶成为对他有触动的某种激情或情感的直接对象时，他才被认为是善的。哈奇森后来提出只有道德感支配下的行为才是道德行为，并进而从旁观者、道德行为者（道德主体）和道德行为的承受者（道德受体）等角度设定了道德层次的非功利性和功利性两个划分标准，完善了道德动机理论。

道德感理论。莎夫茨伯利认为，人和动物的区别不在于是否具有情感，因为动物也有情感。人和动物的区别在于普遍的"道德感"，只有人才能够通过对其行为的反思形成该行为善恶美丑的概念，而动物却只能够使人们形成"好坏"观念，不能形成"善恶"观念，因为我们不会也不可能对动物进行道德的善恶评价和期望。受经验主义认识论的影响，莎夫茨伯利认为一切认识来源于感觉及其相应感官。为此，他认为道德感是人们特有的感觉道德品质的能力，在人的内心甚至存在"道德感官"。就像人们借助眼睛感觉光线一样，人们借助道德感官感觉道德品质。和人们对色、声、香、味等感觉能力一样，莎夫茨伯利认为道德感也是人的先天本能，不需要任何后天因素就可以自然拥有。哈奇森的道德感思想就是在莎夫茨伯利这个观点之上进一步发展的。

情感冲突论。莎夫茨伯利认为人的自我情感可以为善，也可以为恶。只有在自我节制的条件下，自我情感才能够促成人的道德行为。自然情感是一种先天道德情操，始终催促人们行善，但是，当人们的自我情感和自然情感发生冲突时，自我情感可能会淹没自然情感，让非自然情感占上风，从而产生不道德恶行。莎夫茨伯利同意伊壁鸠鲁关于精神快乐高于生理快乐的观点，认为只有自然情感和自我情感中的善才能够带来最高的快乐。后来，哈奇森进一步清楚表达这个思想，把莎夫茨伯利的"自然情感"进一步明确为"道德情操"，成为与自爱情感并列的另一种情感，二者互相影响、互相冲突，宣布道德情操是最大的快乐，而最大多数人的最大快乐就是最高的道德情操。

道德宗教二分论。 莎夫茨伯利是近代最早提出道德可以和宗教分离的人之一。莎夫茨伯利认为，宗教固然有利于人们培养内心的善良天性，但是，无神论者内心也存在善良的天性。善良并不是有神论者的专利产品，相反，有一些宗教徒性情凶残，贪婪堕落，丝毫没有仁慈博爱的品质。莎夫茨伯利据此进一步指出，道德仁爱是人的天性，不需要宗教就直接存在于人的内心，宗教既不能创造也不能取消这种天性，道德观念和宗教观念之间并没有任何必然的联系。后来，哈奇森在探讨道德起源时，进一步驳斥了道德的宗教起源论，提出道德感是道德认知、道德行为的唯一源泉，道德行为具有非自爱、非名誉、非功利、非宗教敬畏等特征。

塞缪尔·克拉克等人的理性主义伦理学

塞缪尔·克拉克（1675～1729），生于英格兰的诺维奇，著名神学家，牛顿的好朋友，牛顿思想的坚定支持者，和剑桥柏拉图学派关系密切。其主要著作是 1704 年和 1705 年在波义耳讲座上的两次演讲：《关于上帝存在和属性的证明》《论自然宗教不变的责任并论基督教启示的真理和确实性》。克拉克是一个理性主义者，认为数学和逻辑推理是获取知识最可靠的方法，他具有极强的逻辑推理能力，并将其运用于道德领域，伏尔泰称他为"名副其实的思维机器"。他关于道德来源于理性等观点直接遭到哈奇森的批判。大学期间，哈奇森曾经写信向克拉克表达过自己与其理性主义思想的分歧。哈奇森情感主义伦理思想、"真假"不等于"善恶"等观点很大程度上就是在对克拉克及剑桥柏拉图主义的批判过程中逐渐成熟和发展起来的。

克拉克认为，世界上存在各种不同事物，事物之间存在不同的联系。由于这些不同事物之间的不同联系，在事物之间必然存在"一致性"或"不一致性"。事物之间"一致的"关系就是"合适的""适宜的"关系，"不一致的"关系就是"不合适的""不适宜"的关系。这样，他直接从事物之间的"一致性"关系推演出"适宜"和"不适宜"的道德范畴，认为凡是"适宜的"就是道德上的"善"，凡是"不适宜的"就是道德上的"恶"，直接把"适宜与否"作为"道德与否"的标准。

克拉克认为，事物之间的一致性是上帝意志的表现，是上帝赋予事物的本质。人们用理性认识对象的一致性，判断对象是否"适宜"，这也是上帝意志的表现，理性就是上帝赋予人的天然本质。也就是说，上帝的意志不仅使世界具有"适宜性"，而且使人天生具有判断"是否适宜"的理性能力，从而天生具有道德善恶的判断能力。行为（克拉克把行为理解为关系的一种）只有满足事物之间的"一致性"，人们的理性才会承认其"适宜性"，才具有道德之善。"一致性"是上帝的意志，对"一致性"的准确把握也是上帝的意志。因此，道德直接来源于人的理性，间接来源于上帝的善良意志。哈奇森后来进一步发挥了克拉克这个思想，认为"美"就是"差异中的一致性"，美感就是对这种"差异中的一致性"的先天感知能力，和道德感一样不需要任何后天教育、习惯培养就天然存在等。

人们把握"适宜性"的理性能力是上帝赋予人的天然本能，事物"是否具有适宜性"是一种本能直觉，不需要任何后天的指导和学习，任何人都能够通过自己的直觉得知对象是否"适宜"。就像人们一眼就能看出不同的几何图形是否具有一致性、2加2是否等于4一样，具有直觉的可靠性和确定性，不证自明。这种观点使克拉克成为早期直觉主义的主要代表。西奇威克后来指出，克拉克是英国早期直觉主义伦理学家中最早认真探讨道德自明原则的人。哈奇森关于内感觉是一种道德直觉的思想在一定程度上就是批判地继承了克拉克直觉主义方法的体现。

另外，克拉克还专门谈到上帝的意志自由与事物必然性之间的关系。他认为，上帝的自由意志体现在事物之间的"一致性关系"中。因为事物之间具有"一致性"，所以能够体现上帝的自由意志，只有事物之间具有"一致性"，才能体现上帝的自由意志。上帝的意志自由恰好体现在事物的"一致性"和"适宜性"上，而不是说"一致性"和"适宜性"限制了上帝的意志自由。虽然克拉克曾经说过，道德先于上帝的意志：一个行为不因为上帝的意志而是善的，而因为它是善的才为上帝所命令。但是，在他那里，"善"就是上帝的意志自由，上帝的意志自由只能表现为"善"，上帝永远不会违背他的善良意志而"自由"选择行恶。这对哈奇森关于人类天性仁爱、道德性质取决于道德动机、反对自爱论的道德伪善等思想产生了相当的影响，并在一定程度上和后来康德关于"道德""自由""意志""本体"四位一体的思想具有很大的渊源。

孟德威尔的私恶人性论

被卢梭指责为"人类美德最激烈的毁谤者"的孟德威尔（1670~1733）是一个富有争议的人物。他把霍布斯关于人性"自爱"的伦理思想极端化为人性"私恶"，把人性借以实现自己的手段"恶"看作人性本身，认为人的"私恶"天性不论是在自然状态还是在社会状态都不会消失。正是因为每个人天生都是利己主义者，每个人都只关心自己，不关心别人，钩心斗角，尔虞我诈，不择手段损害社会和他人利益来谋取个人利益，这才促进了社会繁荣和人类文明。"私恶"无处不在，但整个社会却在"私恶"中变成了天堂。孟德威尔由此提出了"私恶即公益"的观点，认为自私自利的"私恶"是激发人们的激情、促成人们一切行为的源泉，是社会发展的推动力。他在《蜜蜂的寓言》中借用一群蜜蜂说明这个观点。

由此孟德威尔得出这样的结论：通过一个有权术的政治家的卓越管理，私恶可以变成公益。很显然，孟德威尔把霍布斯关于人性**自爱**的理论推向了人性**自私**的极端，把"合理自爱论"推向"极端性恶论"。**自爱**本能变成了**私恶**本能。不管是道德还是社会、国家、政治等，都是人们实现**私恶**的工具。人们的道德行为仅仅是因为政府的鼓励和支持，或者为了骗取人们的赞扬和谄媚才存在的。因此，孟德威尔认为，道德是谄媚和傲慢交配而生出的政治之子。自私无碍于社会发展和繁荣，任何同等程度的爱人和爱社会、任何同等程度追求他人和社会利益的道德说教都是骗人的诡计和违反人性的假设。如果人们不爱自己而爱别人，或者爱别人胜于爱自己，那就像"猫不仅不吃老鼠，反而喂养老鼠、抚育老鼠子女"或者"鸱鹰邀请母鸡吃肉，自己去为母鸡孵小鸡而不是吃掉小鸡"一样荒谬，都是违背人的本性而胡诌的奇谈怪论。在他看来，人们心中只有私恶，没有仁爱，仁爱只是性恶本能的一种手段或阴谋。孟德威尔的极端观点后来遭到了哈奇森的激烈批判。

二、道德感的特性

哈奇森认为，道德感就是人们借以感知道德行为的能力，它和人们借以感知利害得失的感觉能力一样，也是天生的本能。但是，道德感属于内感觉，而对利害得失的感觉属于外感觉。人们感知道德行为的能力就是哈奇森所谓的道德感。道德感是人类仁爱、利他天性的表现，是人们感知道德善恶、褒贬道德善恶、取舍道德善恶的普遍根据。道德感以他人的快乐为快乐，以他人的满足为满足，以他人的利益为利益。哈奇森用道德感反对霍布斯、孟德威尔等人的狭隘性，在自爱人性论之外提出了仁爱（道德）人性论，从而把霍布斯等人的一元人性论拓展为自爱、仁爱并行的善恶两性论：人们除了自爱行为以外，还存在道德行为；人的行为除了自爱动机以外，还有更重要的仁爱动机。道德感就是仁爱天性的表现，它具有先天性、普遍性、非自爱性等特征。

道德感的先天性

道德感的先天性是哈奇森在反驳孟德威尔等人的道德后天论中确立起来的。孟德威尔等人认为，道德仅仅是后天教育、习惯的结果。道德的后天特性表现在两个方面。首先，道德来源于政治需要。统治阶级为了维护自己的利益，巩固自己的统治地位，建立了一个个庞大严密的道德体系，并利用道德说教对人们进行道德教育，鼓惑人们进行道德行为，从而逐渐形成了普遍的社会道德理念。人们为了赢得尊敬，不得不压抑自己去践行道德。因此，道德是谄媚和傲慢交配而生出的政治之子。其次，道德来源于后天习惯。在一些地方或者一些国家中，教育、文化传统等后天环境对人们有潜移默化的塑造功能，把后天的道德习惯嵌入人们的情感本能，从而使道德从外在习俗内化为内在本能。例如，在一些地方出现的畸形道德，把娶小姨子、与母亲结婚等看作非常光荣的事情。一句话，后天道德环境是道德的源泉。

哈奇森针锋相对地提出，道德感和味觉、嗅觉等一样，也是人们与生俱来的感觉能力，具有先天属性。先天存在的道德感既是道德教育、道德规范、道德环境等形成的唯一基础，也是它们得以发挥作用的唯一前提。也就是说，道德来源于先天的道德感而不是后天道德环境，后天道德环境也是道德感的产物。

首先，先天存在的道德感是道德教育、道德规范、道德环境等形成的基础。正如视觉让人们感知光明，而不是光明促成人们的视觉一样，人们心中存在的道德感让人们能够感知善恶美丑、判断善恶美丑，让人们形成了善恶美丑的道德规范并遵守这些道德规范。不同的传统习惯、不同的道德标准和不同的道德规范，正是同一个道德感在不同环境下创造出来的。因此，道德感使人们能够感知道德现实，而不是道德现实促成了人们的道德感；外在的社会道德规范来源于人们内心的道德感，而不是说道德感来源于社会道德规范。也就是说，道德感创造了道德世界，而不是道德世界创造了道德感。后天环境只能够激发和培养道德，而不能够创造道德，正如肥沃的农田只能够滋养粮食而不能创造粮食一样。哈奇森举例说，一个没有接受任何教育的孩子，只要能够听懂讲故事人的语言，就会本能对故事中的道德行为产生好感。这说明，道德感是一种先天的人性本能，和后天的教育、习惯、环境等无关。

其次，先天存在的道德感是道德教育、道德规范、道德环境等发生作用的前提。由于感觉功能的存在，人们才得以感知世界，并用来指导自己的行为，世界通过感觉而支配人们。同样，由于先天道德感的存在，人们才得以感知什么是善恶美丑，什么是荣辱贵贱，也使人们普遍赞成特定的道德标准，谴责特定的恶行。千夫所指必然导致特定社会规范的萎缩——不管这种社会规范是善是恶；众口交誉必然导致特定社会规范的繁荣——不管这种社会规范是善是恶。没有人会自取其辱，没有人愿意被（自己和他人的）道德良心批评和指责，即使伪善之人也在不同程度上不得不遵循约定俗成的道德规范。因此，社会道德舆论环境正是通过普遍存在于人们内心的道德感才得以支配和改变人的行为，实现对人的有效约束。即使这种道德标准、道德规范是畸形的，这也仅仅表明先天道德感受到了后天传统、习惯的扭曲，道德感仍然通过这种畸形的道德标准发挥作用，支配着人们的情感和行为。因此，畸形的道德标准并不表明道德感消失了，恰恰相反，它是道德感先天存在的充足证据，表明道德感是客观存在的普遍性。

哈奇森认为，如果没有视觉，无论多么灿烂的太阳也无法被人感觉到；如果失去了听觉，无论多么动人的乐曲也无法对人产生任何刺激。同样，如果没有先天的道德感，人们根本无法知道道德是什么东西，那么，无论统治阶级把道德吹捧得如何天花乱坠，无论道德舆论的力量多大，人们也不会接受到任何道德观念，体会不到任何道德的诱惑，体会不到违背道德的威胁和痛苦，当然也就不会遵循任何道德规范，无法形成任何道德行为。如果这样，无论什么道德也不会对人产生丝毫影响，正如无论多么能干的巧手也无法从公牛身上挤出一滴奶一样。

值得注意的是，道德感的先天特性与天赋观念之间没有必然联系。哈奇森认为，道德感属于内感觉的形式之一，是一种对道德观念的感觉能力，而不是道德观念本身，它不需要任何天赋观念就能够直接感觉道德现象。因此，哈奇森强调不能把道德感和天赋观念相混淆。道德感和其他感觉一样，并不假设任何先天的道德观念、道德知识或者实际道德命题等等，而仅仅是心灵接收令人愉快或者痛苦的行为观念的决断力，是一种没有任何利害得失算计的纯粹直觉。所以，沃夫冈·雷德霍德在评价哈奇森时，认为他的"道德感和天赋观念无关"。

道德感的普遍性

哈奇森认为，和声、色、香、味等感觉一样，道德感普遍存在于每个人心中。没有任何人能够超出道德感的约束，即便是人们普遍深恶痛绝的盗贼也有同情和怜悯之心，也有自己特定的道德修养，比如诚实、勇敢、慷慨、诚信、正直等等，他们会公正分配抢夺来的不义之财，关心爱护同伙的家属，甚至为了同伙利益而两肋插刀。

普遍存在的道德感使每个人天生具有普遍一致的行善、崇善、扬善、弃恶等道德感知能力和道德行为动机，使每个人天生具有关心社会和他人的本能，天生就喜欢善良，憎恨邪恶。道德感使每个人天生会在荣誉面前产生骄傲和自豪感，在耻辱面前具有忐忑不安的羞耻感。社会因为普遍存在的道德感才得以形成普遍的道德共识，不会把贪婪的人、脆弱自私的人、奢侈浪费的人、背信弃义的人、凶残的人、卑鄙的人误认为光荣、崇高的人，不会从他们身上获得道德快乐，更不会崇拜他们。普遍存在的道德感使每个人天生具有怜悯和同情之心：因为别人的痛苦而痛苦，因为别人的快乐而快乐。有一些人甚至对一些动物也具有怜悯之心。如果没有利害冲突，任何人都不愿意看到别人陷入痛苦、遭受折磨。

在内感觉"决定论"和"影响论"辩证关系的基础上，哈奇森认为，道德感的普遍性只会在具体条件下发生强度变化，但永远不会因为任何场合、在任何时间中消失。面对利益诱惑，人或许暂时忽略了道德良心，但这并不意味着人们丧失了道德感。一旦自爱激情消退，道德感随即重新浮上心头。在他看来，一个完全没有道德感、完全丧失人性的人是不存在的，无论如何没有人可以被想象成毫无人性的自私。即使人们没有理性也能够品尝酒肉的香味，即使病人没有感觉到酒肉香味，也不能说他们没有味觉。同样，即使正在行恶之人也不可能丧失道德感，即使是十恶不赦的恶棍也不可能没有仁爱天性——恶棍也有良心。

哈奇森认为，如果人们只有自爱，没有仁爱，只有利害感，没有道德善恶感，那么，作恶之人就会作恶不止，对自己恶行所产生的恶果就会无动于衷，没有羞耻之心，不受良心谴责。旁观者对善恶也会表现出麻木不仁，就像瞎子对黑白变化麻木不仁一样。但经验事实证明，没有人能长久行恶而心安理得、逃避道德良知的谴责，即便是那些拥有特权可以胡作非为的人，也无法摆脱作恶的恐惧，不愿让自己的恶行公之于众。他内心的道德感将会永远谴责他，让他懊悔，让他心灵不得安宁。同样，即便是十恶不赦的人，对他人的恶行也会产生不同程度的厌恶感，对善行产生不同程度的快乐感。因此，哈奇森质疑自爱论者说，如果自爱是人们行为的唯一动力源泉，人们还会去关心社会和他人吗？他还进一步指出，如果人性中没有仁爱，只有自爱，没有道德善恶感，只有利害感，我们就无法解释，为什么荣誉会激发骄傲和自豪，为什么羞耻让人感到忐忑不安。

因此，道德感普遍存在于人们心中，是仁爱天性的表现。利益等任何因素均不能让人们彻底摆脱道德感的控制。这种普遍存在的道德感到休谟那里被发展成为人的普遍同情心，并在亚当·斯密那里成为一条重要的伦理学原理。显然，哈奇森从哲学上论证了仁爱人性的先天性和必然性，深刻机智地驳斥了道德后天说的片面性，也驳斥了自爱论道德起源学说的片面性。而他关于道德感创造道德世界的思想，触及了道德认知的先天形式，直接开启了伦理学领域的主体性原则。康德后来在《实践理性批判》中进一步说，一个赌徒如果在赌博过程中采取欺骗手段，即使赢了钱，道德反省也会让他轻视自己——"哪怕我的钱袋鼓鼓，我是一个卑鄙小人"。

道德感的非自爱特性

哈奇森把历史上所有关于人性的思想都划分为两个互相对立的流派：自爱论和仁爱论。自爱论起源于伊壁鸠鲁，他把人的所有欲望都归结为自爱。与此相反，仁爱之情使我们把他人的快乐作为最终目的，丝毫没有想到自己的快乐。其他的任何派别，比如"合理论""合对象论""合关系论""合上帝论"等，都可以归结到这两大派别之中。他认为自爱论和仁爱论都各有自己的片面性，因而主张自爱人性与仁爱人性并列的善恶两性论，即人类除了自爱本能外，还具有仁爱本能。相对而言，仁爱更能够表达人的本质。人和其他生命存在的区别不在于自爱，而在于仁爱。因此，哈奇森既不是纯粹的自爱论者，也不是纯粹的仁爱论者，而是一个**善恶两性论者**。

但是，哈奇森认为自爱人性的存在已经成为一个众人皆知的常识，但人们对仁爱天性是否存在还抱有疑问。因此，为了批判自爱人性论者把仁爱归结为自爱的错误，避免仁爱消融在自爱论中的危险，哈奇森的重点不再是重复自爱人性的种种证明，而是证明仁爱具有独立性和普遍性，是独立于自爱之外的客观人性。为此，他建立了自己伦理学体系的核心范畴——道德感，并通过对道德感内涵、特征、功能等的分析研究，论证了仁爱天性的客观普遍性，有力地驳斥了霍布斯、孟德威尔等人用自爱人性论、私恶人性论否定人的仁爱天性的片面性。

道德感就是仁爱天性的表现形式，它除了前面所讲的先天性和普遍性特征之外，还具有非自爱特征——不关心自己的利害得失。任何私人的利害得失都不能改变道德感的性质，对他人利害得失的关心取代对自己利害得失的算计成为道德感的主要特征。也就是说，任何利益贿赂或者祸害威胁都不能使道德感变质或消失。

为了说明道德感的非自爱特征，哈奇森专门区别了两个重要的概念：选择（election）和赞赏（approbation）。哈奇森说，选择某一行为就意味着放弃相反行为，或者放弃不行为；而对自己某一道德行为的赞赏则意味着（或者伴随着）自己一想到这种行为，一想到促成这种行为的动机，就自然产生一种愉快的心情。对他人道德行为的赞赏也会产生这种愉快的心情，并不由自主对行为者产生爱意。

哈奇森认为，无论是赞赏还是选择都仅仅是某一种**动机促成的行为**，而不是**促成行为的动机**。促成选择行为的动机包括人的自爱和仁爱本能，但促成赞赏行为的动机只能够是仁爱本能。也就是说，人们**选择**某一行为的时候，要么出于个人利益的动机，要么出于道德仁爱、关心他人利益的动机。而内心**赞赏**的行为总是一种无私的自我牺牲的道德行为，内心不赞赏的总是自私自利的利己行为，和赞赏者利害无关。

出于自爱的动机，人们经常选择那些自己不赞赏的自私自利的行为，不选择那些自己所赞赏的大公无私的行为，以便自己能够从中受益，避免自己受害和痛苦；但出于仁爱的动机，人们总是希望别人快乐幸福，不希望别人痛苦沮丧，因而经常愿意看到别人选择那些自己所不赞赏的利己行为，别选择自己所赞赏的那些伤害自己造福他人的道德行为，以便人们都能够受益，避免受害和痛苦。自爱的目的是利己，仁爱的目的则是利人。所以，哈奇森说，选择动机和赞赏动机性质不同，所有刺激人们行为动作的原因都以自爱本能和仁爱情感为前提，而是否赞赏某一行为动作则只能以道德感为前提。

为了更好说明"赞赏"和"选择"的区别，哈奇森深入考察了道德感的非功利性特征，提出"道德赞赏无法贿赂"，它纯粹是一种非功利性的道德本能的观点，从而用非功利性道德赞赏的客观性论证非功利性仁爱天性的客观性，有力地驳斥了自爱论否认仁爱天性的荒谬性。

首先，道德感不会因为自己受益而变质。一个邪恶行为无论给旁观者多大的财富，一个十恶不赦的无赖无论给旁观者多大的贿赂，都永远无法改变旁观者对道德恶行的厌恶，更无法强迫旁观者去赞赏、爱戴一个无赖。贿赂可能会让我们行恶，可能会促使我们为了自己的利益而陷害一个善良的人，但贿赂永远不会让我们憎恨一个我们认为具有优秀道德品质的人。如果一个人知道某件事情能够让别人快乐，他自己也愿意做这件事，但是，他做这件事的目的不是为了别人的快乐，而是为了财富、荣誉、权力、地位等等，那么，人们内心不会赞赏这种"道德"行为，不会认为这种行为具有道德崇高性。如果我们自己作恶，无论得到多大的利益，道德感的谴责将永远如附骨之疽终生折磨着我们，良心谴责永远让我们无法从财富中获得安宁。而那些背叛自己祖国利益的叛国者，即使给我们带来了很大的利益，我们也只是喜欢其叛国行为给我们所带来的利益，但却始终讨厌叛国者。也就是说，贿赂永远无法改变道德感的性质，无法消除对道德的崇拜和对邪恶的憎恨。

其次，道德感不会因为自己受损而消失。一个道德善行，即使没有给旁观者带来任何利益，有时候甚至损害了旁观者的利益，也无法改变旁观者对该行为的赞赏之情。人们对道德的认同在于，道德有益于他人而非行为者本人。也就是说，道德行为只能是利他动机支配下的行为。那些出自道德感的道德行为，即使效果不好，即使没有产生实际的损益，其道德性质也是不容否认的，人们也会从中得到道德特有的快乐。因此，即便是我们的死对头，即便他对我们的切身利益构成严重威胁，一旦我们知道他具有忠君爱国、杀身成仁等崇高的道德品质之后，我们也会发自心底地尊重他们，任何贿赂都永远无法让我们恨他，任何贿赂也永远无法剥夺我们对这些道德高尚者发自内心深处的爱戴。

因此，哈奇森认为：道德赞赏和个人利害无关，道德感无法贿赂。道德感的非功利特征也就是内感觉"非自爱特征"的表现，它表明真正的道德行为不是利益驱动的结果，和自爱人性无关，而是根源于先天存在的仁爱人性。和自爱本能一样，仁爱也是一种先天本能，甚至是一种更能够代表人性的本能。哈奇森以道德感的非自爱特征为前提，进一步分析了道德感的功能，提出道德领域的主体性思想，系统驳斥了自爱论者的道德起源说，论证了仁爱人性的客观性和普遍性。

三、道德感的功能

道德感是哈奇森用以反对自爱论道德起源学说的核心概

念，哈奇森强调道德动机主要是为了驳斥自爱论者的道德起源论。自爱论者认为，人们内心除了自爱情感以外，没有其他任何情感。对利益和荣誉的追求是人类自爱本能的主要表现形式。道德就是起源于对名、利追求的自爱本能。在哈奇森看来，只有发自本性的行为才是真行为，只有发自仁爱人性的"善"才是"真善"，源出于自爱的所谓"善"乃"伪善"。人们只有借助道德感才能感知道德行为，才能形成道德观念、道德舆论、道德欲望、道德快乐、道德行为，一切道德现象才能得以产生。道德感是道德定性的标准，道德认知的前提，道德实践的源泉。

道德定性的标准

为了反对道德领域的自爱动机论，哈奇森提出了仁爱动机论，把仁爱动机作为道德定性的唯一标准。

自爱论者以人性自爱为前提，认为道德行为起源于对功利的追求。道德行为的利他本质既能够给当事人带来实际的利益，也能够让旁观者产生一种安全感；而邪恶行为不仅给当事人造成实际的伤害，而且让旁观者有一种被威胁的痛苦。因而不论是道德受益者还是没有利害关系的旁观者都会在道德行为面前产生道德快乐，在邪恶行为面前产生道德厌恶。都喜欢道德行为、赞赏道德行为、崇拜道德行为，憎恨不道德行为、谴责不道德行为、鄙视不道德行为。自爱论者认为，一个叛国者，即使他完全把自己的祖国出卖给了我们，我们从中受益匪浅，我们也喜欢他的叛国行为给我们带来的财富，但我们仍然会情不自禁地憎恨叛国者，而赞扬一个勇敢的敌人。因为叛国者的邪恶让人产生再次遭到背叛的恐惧和威胁，而勇敢者的品行让人产生一种永远不会被背叛的安全感。因此，人们对道德行为的接受和赞赏也纯粹是人们追求功利的自爱本能的体现。

这种观点在霍布斯和孟德威尔的著作中表现很突出。霍布斯认为，每个人都不遗余力地追求自己利益的最大化，不损害集体利益的个人利益，有助于增加集体的利益，每个人利益的最大化就是集体利益的最大化。因此，道德行为是自爱行为的表现形式，道德行为根源于自爱行为。孟德威尔进一步发挥了霍布斯的思想，提出了著名的"私恶即公益"的道德起源论，认为每个人的自私自利就是社会公德的唯一来源，是社会繁荣的基础。

哈奇森以善恶两性论为前提，反对自爱论者的功利起源说，提出道德起源于人的仁爱本能。他承认自爱是人的天性，是人生存发展的前提，也是人们行为的强大动力。但是，自爱不是唯一的动力，人除了谋取自己利益的自爱动机之外，还有丝毫不考虑自己利害得失的仁爱动机。人的仁爱动机使人们仁慈博爱，甚至爱他人胜于爱自己。从自爱动机出发的行为只是所有动物的自爱本能，为了荣誉、利益、快乐或者恐惧的行为都属于自爱行为，不是道德行为，不具备仁爱的本质，也不足以把人和动物区别开来。仁爱才是人和动物最大的区别，是人之所以成为人的本质属性。道德的人才是一个真正的人，有尊严的人，值得尊敬的人，也是一个最快乐的人。

因此，只有出于真情想让别人快乐的行为才具有道德之善，才是真正的道德行为，除此之外的一切行为都是自爱行为，不管它们给人们带来了多大的功利，都不具备道德的特征，没有道德的高尚性。道德感是仁爱人性的直接表现，是道德行为的唯一"源泉"、衡量道德行为的唯一"标准"。如果一个人事前不能够预见自己行为的消极后果，也无意于造成这些消极后果，更不是通过该行为为自己谋取利益、博取荣誉或者功名，即便他的行为给社会造成了危害，他事后也感觉到了这种危害，他的行为也是一种道德行为，无用并非无德，从道德上憎恨该行为者是不对的。因此，道德行为和功利效果无关。

相反，为了追求个人利益的利他行为只是自爱行为，不是道德行为，不具备道德的崇高属性。例如，孩子为了得到表扬的文明礼貌行为只是一种被迫的、自爱利己的手段，属于道德伪善，不是真正的道德行为；从邪恶动机出发的行为，虽然没有给人造成实际的损害，有时候甚至产生了实际的利益，也不配称为道德行为。任何以邪恶为动机的行为永远是道德恶行。人们评价道德性质的唯一标准就是普遍的道德感，而道德感永远不会接受任何功利贿赂，不会因为任何利害得失而变质。人们或许会喜欢恶行的功利效果，不喜欢善行给人们带来的伤害，但无论多大的利益也不会改变人们对恶行的厌恶，无论多大的伤害也不会改变人们对善行的好感。

为了进一步论证道德动机和道德性质的关系，哈奇森机智深刻地说，一些根本没有意识的自然之物虽然给我们带来了实际的利益，让我们快乐高兴，但由于它们没有意识，没有动机，所以不是道德主体，它们的利他属性也不是道德属性，永远不具备道德的崇高性。有用并非有德。一个没有仁爱动机的农场或者房屋，无论生产了多少粮食，无论给主人提供了多大的居住空间，无论产生了多大的价值，也丝毫不配"道德"的美誉。只有那些有意识为善的意识主体，知道人们的利益所在，并在道德感支配下，致力于人们的快乐，这才是真正的善，才是名副其实的道德行为。因此，**行为动机决定行为性质**：凡是出于自爱动机、邪恶动机或没有动机的行为，不管是否实际利他，不管实际利他的程度高低，都不是道德行为；凡是出于仁爱动机的行为，不管是否实际利他，不管实际利他的程度高低，甚至不管是否给他人造成伤害，都是道德行为，只不过这种道德行为在程度上有所差别罢了。

根据道德感定性原则，哈奇森还揭示了法律和道德之间的背反现象。他认为，由于法律无法裁定人们内心的动机，也无法窥见人们脑海里面的道德权衡过程，只能够通过赤裸裸的行为后果进行判决。因此，它会经常打击那些出于良好动机却产生消极社会后果的道德行为，颂扬那些可以看得见摸得着的社会公益行为——哪怕这些行为纯粹出于一种"自私的目的"，纯粹没有任何道德动机。这是法律的局限。所以，**法律不等于道德，守法并非守德**。如果遵纪守法是为了避免自己遭受法律的惩罚，而不是为了他人的利益和快乐，那么，这仅仅是以自爱为动机的利己行为，不能称为道德行为。同样，违法并非违德。如果为了他人利益不惜以身试法，即便犯下了滔天罪行，即便没有给人们带来很大的利益——有时候甚至给人们造成了无意中的损害，这种行为也是真正的道德行为。

道德认知的前提

道德定性取决于道德认知，道德感能够成为道德定性的唯一标准，其根本原因在于道德感是道德认知的前提。哈奇森是一个经验主义者，经验主义认识方式集中体现在他的"道德感"思想中。经验主义最突出的特征之一就是认为人类的一切知识来源于经验，反对任何天赋观念。洛克把经验分为感觉和反省两种形式，任何观念和理性都来源于这两种形式。休谟认为观念"是感觉的摹本"。卢梭曾经明确说过，我们的感觉力无可争辩地是先于我们的智力而发展的，我们先有感觉，而后有观念。作为一个经验主义者，哈奇森认为道德感是道德感知和道德评价的唯一前提，道德与否属于道德感直觉，和理性无关，"是"永远不必"应该"。他反对"道德来源于理性"的观点，反对把道德感知和道德评价归结为理性反省的结果，认为道德感先于理性存在，道德感知、道德评价、道德赞许、道德谴责等都必须以道德感为前提，而不是理性选择和权衡的结果，不需要任何理性参与，不需要任何后天的教育、习惯。据此，他坚持真理不是道德，并对道德直觉和道德权衡进行了区分。

真理不是道德

哈奇森认为，理性是人们认识真理的能力，因此，合理性就是"与真命题或真理相一致"，真理就是"真命题及其对象之间的一致性"。合理性只能够表明命题的真假，表明命题是否和对象相符合，而不能表示对象的善恶大小、价值高低。任何一个行为都和自己的对象相符合，任何行为都是真行为，它们内涵的真理都一样多。我们无法根据它们的真假程度、包含真理的数量多少判断其善恶。真理的"一致性"永远不能让我们决定，究竟是选择或者赞赏某一行为还是与其正相对立的行为，因为无论多么崇高的善良行为还是极度邪恶的损人利己行为，对它们的命题都同样是"真"的，都和它们各自的"对象"符合，都具有"一致性"，都是"合理"的。任何人都可以同时给相互对立的恶棍和英雄定义无数相互对立的"真命题"。因此，**真理多寡并不能决定行为的善恶及价值大小**。

哈奇森用保护私有财产和抢劫私有财产这两类完全对立的行为对"合理论"予以驳斥。保护私有财产可以定义为：有益于人类社会的幸福；促进工业发展；将得到上帝的赏赐。而抢劫可以定义为：扰乱社会；破坏工业；将受到上帝惩罚。前三条关于保护私有财产的定义和它们的对象（判断主词）"保护私有财产"相符合。后三条关于抢劫的定义和它们的对象（判断主词）"抢劫私有财产"相符合。凡是与对象（判断主词）相符合的命题都是真命题。因此，这两个完全不同性质的行为都是"真"的，邪恶与善良同时为"真"，都同样合"理"，它们的真实度相等：都是三个真命题，任何一方都不比对方更多或更少。

显然，仅仅是真假还不足以让我们产生任何关于善恶的定义，"真""理"不足以区别"善""恶"，也不足以让人们选择或者放弃、赞赏还是谴责该行为。道德感知的源泉是人们的道德感而不是理性。一个旁观者赞赏追求社会公益的道德行为并不是根据理性，而是根据内心的道德感。如果要追问我们为什么喜欢社会公益等道德行为，这就像追问我们为什么喜欢甘甜水果一样无法回答，只能将其归结为一种天生的本能直觉。

更重要的是，我们之所以认为保护私有财产"有益于人类社会的幸福，促进工业发展，将得到上帝的赏赐"，而抢劫行为"扰乱社会，破坏工业，将受到上帝惩罚"，原因就在于我们天生能够感觉、区别善恶美丑，不会误恶为善，不会混淆是非。反之，如果我们此前没有任何感觉善恶是非标准的能力，就可能会错误地把"扰乱社会，破坏工业，将受到上帝惩罚"的内涵赋予保护私有财产，把"有益于人类社会的幸福，促进工业发展，将得到上帝的赏赐"的内涵赋予抢劫，对真理性的定义也因此会马上受到摧毁。因此，在道德领域中，真假判断不是善恶判断的基础，而善恶判断倒是真假判断的前提。**无"理"不一定无"德"，但无"德"一定无"理"**。

道德权衡不等于道德直觉

相对于理性而言，道德感是一种不需要任何理性演绎推理、不需要任何逻辑演绎推理的先天本能直觉，能让我们在第一眼就钦佩。也就是说，道德行为被感知的瞬间就直接激发了喜欢、尊重、亲切等道德情操。哈奇森认为，人们先有对道德行为的善恶判断，后有对道德行为的利害判断。利害判断是一种理性反省行为，而善恶判断则是非逻辑演绎的本能直觉。理性反省过程太慢，充满了太多的困惑和踌躇，始终滞后于道德感直觉。因此，道德感直觉是一种高于理性判断的认识能力。

哈奇森认为，理性权衡和道德直觉是两种完全不同的认识方式，理性权衡包含认识的相对性，但道德直觉是绝对一致的，没有任何相对性。"善"永远是"善"不是"恶"，"恶"永远是"恶"不是"善"，尽管某个具体的对象可能从"善"变"恶"，或者从"恶"变"善"，但变成了"善"的"恶"不再是"恶"而是"善"，变成了"恶"的"善"不再是"善"而是"恶"，"善""恶"仍然泾渭分明。也就是说，**具体的"善"物可能变成"恶"物，但纯粹的"善"永远不会变成"恶"**。就像鸡蛋或许能够变成鸡，但鸡蛋永远不是鸡一样。把理性权衡的相对性曲解为道德直觉的相对性是不确切的。道德直觉属于善恶关系判断，服务于仁爱人性，理性权衡属于利害关系判断，服务于自爱人性；道德直觉是一种瞬间的非逻辑演绎的本能直觉，而理性权衡判断是一种缓慢悠长的理性演绎；道德直觉的基础是道德感，理性权衡的基础是自爱；理性对道德价值的权衡建立在道德感基础上；善恶情感和个人利害得失无关，而个人利害情感和道德善恶无关。这样，他通过对道德直觉和理性权衡的区别，揭示了道德认识相对性的根源，避免了道德相对主义和怀疑主义。

首先，道德直觉属于善恶关系判断，善恶观念产生的基础是道德感。哈奇森认为，道德感与生俱来，在人们没有认识、没有经验、没有利害关系的时候，就存在于人的内心，是人们形成好恶情感的根据，是道德知识得以可能的根据，也是道德价值判断的根据。其著作《我们的道德和审美观念的起源研究》Ⅱ论第一部分的标题就是："论我们借以感知他人善恶、产生对他人好恶的道德感"。正如人们如果失去了视觉就会黑白不分、失去了理性就无法判断对错一样，如果失去了道德感，人们就无法判断善恶。这样，哈奇森在伦理学领域确立了以道德感为基础的主体性原则：道德感为人们创造了一个道德感知世界，而不是道德感知世界创造了人们的道德感，理性对道德的权衡归根到底还是依赖于人们内心的道德感。

其次，理性权衡属于利害关系判断。理性是人们实现自己目标的工具，理性权衡是一个理性的运作过程，完全不同于道德感直觉，理性与道德没有必然的联系。人们借以判断对错真假的理性不足以使人们获得善恶等道德感知，理性不足以形成道德善恶。人们根据自己的理性能力权衡自己的利害关系，并根据趋利避害的原则采取相应的行为。理性水平决定利弊权衡。不同的理性能力对同一个对象会产生不同的利弊判断结果。因而，不同的人对什么是道德的理解千差万别——**理性差异导致道德分歧，也就是理性权衡的差异**。当人们从功效角度判断某一个行为的道德性质时，理性往往直接左右人们的道德判断。有时候人们把恶行误认为是善行，有时候把善行误认为是恶行。比如，当某个部落成员认为，如果杀死自己的孩子和老人以后，可以把紧缺的生存资源节约给其他的青壮年，借此可以维系整个部落的生存和强大，那么，他会在道德的怂恿下义无反顾地杀死自己的孩子和老人。因此，他认为杀死老人和孩子是一种致力于自己部落和国家的利益道德行为。

哈奇森认为，这种畸形的道德规范根源于畸形理性的误导。畸形的理性在权衡利弊的时候蒙蔽了道德感，把邪恶误认为道德，让道德感披上了一个面目全非的面罩。因此，道德冲突本质上起源于理性冲突。道德直觉没有差别，但道德判断却相去甚远。畸形道德范畴的根本原因"在于人们缺乏理性，而不是缺乏道德感"。

从另一个角度说，理性权衡的相对性、主观性正好说明了道德感的绝对性和客观性。哈奇森认为，虽然并非每个人都能够正确判断善恶，但每个人都有判断善恶的本能，即使是一些邪恶的道德规范也表明人们心中仍然尊崇道德，仍然奉行特定的道德规范。道德标准、道德规范的差异仅仅表明理性水平的差异，而不能表明道德的差异。而且，差异总是建立在一致性的基础上。差异的存在不仅表明了差异本身的客观性，也表明了隐藏在差异背后的一致性的客观存在。差异性和一致性是两个相互依存的对立统一体。因此，不同的甚至相互冲突的道德评价标准恰好证明了每个人都存在一种普遍的道德意识。理性对道德价值的判断必须建立在这种普遍的道德感基础上，失去道德感，理性只能够进行利害判断，无法认识道德对象和道德行为，也就根本无法对其进行价值权衡。

为了进一步解释理性的动力问题，哈奇森借用亚里士多德的原话，区别了两个层次的目标（实际上也就是人类行为的两个层次的动力）。亚里士多德认为，人类行为有两类目的：终极目的（ultimate Ends）和次级目的（subordinate Ends）。终极目的就是以自己而不是任何其他对象为目的的目的，次级目的或对象就是不以自己而是以其他的对象为目的。

哈奇森认为，理性只能通过权衡利弊让人们知道什么东西**更有**价值，而不能使人们知道什么东西**有**价值；人性让人们从没有价值的对象走向有价值的对象，理性让人们从价值小的对象走向价值大的对象；人性把价值作为目的，理性把更高价值作为目的。因此，人性的目的是唯一的，而理性的目的却是无穷的；"价值"为本，"更高的价值"为末。更高的价值仅仅是"价值"的衍生品。理性仅仅能够刺激人们的次级目标，人性才是终极目标的根源。从这个意义上说，次级目标也可以称为合"理"的。追求社会公益的道德行为并不是根据理性，而是根据内心的道德感。但如果把终极目标也称为合"理"的，用理性权衡取代价值判断，这就意味着"没有终极目标，只有在无穷系列对象中的欲望的（无穷）更替"。**用理性作为动力和目标反而必将导致动力和目标的实际消失**。因此，理性只能创造行为的次级目的，不能创造行为的终极目的，人类一切行为的终极目的只能来源于人的自爱或者仁爱本性。也就是说，理性能够引导人的行为，但不能创造人的行为，只有自爱或仁爱才是人类行为的最终动机，才能创造人的行为。

哈奇森认为，人同时具有自爱和仁爱的本能，理性仅仅是人们实现自爱或者仁爱本能的工具。如果人们知道始终追求社会公益是实现个人快乐的最佳手段，那么，他的道德行为就是"理性"的，具有清晰的"理性"目的，其"合理性"就是合乎仁爱之"理"；如果他不知道这个道理，而是认为个人快乐高于一切，其行为动机仅仅是为了自爱快乐，那么，他的行为也具有"合理性"，但这种"合理性"却是合乎自爱之"理"。因此，是否合"理"并不表示道德与否。如果他的行为没有任何理性指导，而仅仅是出于一种自爱本能或者仁爱本能，为了个人利益而不顾社会公益，或者为了社会公益而不顾个人利益，那么，这两种行为在一定程度上可以说都是没有"理性"的"盲目"本能。

但是，这种没有"目的"的本能只是没有"理性"设计的目的，但在本质上仍然具有各自的自爱或者仁爱目的，都希望自己或者他人快乐——**没有理性目的但却有人性目的**。也就是说，理性所设计的目的仅仅是一种次级目的，自爱和仁爱本能所蕴含的目的才是终极目的，没有次级目的并不意味着没有终极目的，理性不是行为动机（目的），而是行为的结果，是实现人性的工具，人性是本，理性是末。因此，理性虽然能够影响行为的效果，但并不能改变行为的性质，理性既不足以创造道德行为，也不足以创造自爱行为。

哈奇森以追求财富为例，形象说明了终极目的的非理性特征和次级目的的理性特征，以此论证人性（包括自爱和仁爱）才是一切行为动机（情感）的源泉。当我们追问为什么要追求财富时，理由是"财富能够带来轻松快乐"。"追求轻松快乐"就是一种以理性为基础的次级目的。但如果进一步追问"为什么要追求轻松快乐"？理性就再也无法回答了，只能说"在人性中存在一种根深蒂固的本能和欲望驱使人们追求各自的快乐"，是一种发自人性本能但理性却无法表达的冲动。正如药物加剧了胃疼并不是由于药理（关于药物的命题）而是由于药性，引起胃疼的原因不在于说明这种原因的命题，而正是原因本身。因此，理性不足以产生情感，更不足以产生道德行为和自爱行为。

很显然，哈奇森明确了理性权衡和道德直觉的区别。他关于道德能力和理性能力是两类不同性质能力的思想揭示了一个重要的观点，即理性是**后天工具**，道德感是**先天本能**。在一定意义上说，理性归根到底就是自爱本能的实现工具，其主要的功能就是实现自爱目标，理性影响本能但不能根除本能。W.K. 弗兰凯纳后来评价哈奇森说，道德感知不通过认知判断，而是通过道德感直觉，这是哈奇森所开创的全新领域，他创造了英语世界非认知主义伦理的历史，并且是思想最清楚、最彻底的一位思想家，他所表达和想要表达的思想都非常丰富，远远超出不管是现代认知主义还是非认知主义所能理解的一切。哈奇森以道德感为基础，用道德直觉论系统批判了理性主义道德认知学说。

道德实践的源泉

根据道德感定性原则，哈奇森对自爱论者关于道德的荣誉起源论、快乐主义起源论、功利起源论、宗教起源论等道德定性理论进行了系统的批判，把道德感确定为道德实践的唯一源泉。

反对荣誉起源论

自爱论者以人性自爱为前提，认为道德行为起源于对荣誉的追求。人们普遍接受、欣赏、崇拜毫不利己专门利人的道德行为，憎恨损人利己的不道德行为。因此，致力于他人利益的道德行为，会得到别人的赞扬和崇拜，损害他人利益的恶行，会遭到人们的鄙视和谴责。道德行为因而成为一种荣誉，不道德行为成为一种耻辱。荣誉能够带来快乐，耻辱能够带来痛苦。人的自爱本能总是驱使人们趋乐避苦。因此，人们对荣誉的爱好就像他们对吃饭睡觉一样难舍难分，对荣誉的追求也就成为人们道德行为的另一个动机。孟德威尔举例说，孩子道德行为的动机纯粹是为了寻求他人的表扬和承认，其道德行为的动力来源于道德毁誉的刺激，是后天道德环境的产物。当孩子发现道德行为能够得到别人的尊敬和表扬时，为了获得这种荣耀，孩子可以毫不留恋地放弃自己的利益，强迫自己进行道德行为。久而久之，这种道德行为就积淀成为一种道德本能。因此，道德行为是一种后天的、以追求荣誉为动机的自爱本能。

哈奇森承认人们普遍存在追求荣誉的动机，但他认为，道德并不是根源于人们对荣誉的追求，恰好相反，正是由于道德感的存在，人们才知道什么是荣、什么是辱，才会产生优劣的道德价值评价，并从这种优劣判断中形成荣誉感，进而通过不同手段追求荣誉，躲避耻辱。比如，几千年前或者几千公里以外的英雄人物，其道德行为并没有给我们带来任何实际的利益，可是我们仍然觉得他们很光荣，仍然非常尊重他们。没有先天的道德感就没有后天的道德环境，没有先天道德感就没有后天道德荣誉感。因此，道德感是荣誉感的根源，而不是说荣誉感造就人们的道德。人们并不是为了别人的赞赏而崇拜和追求道德荣誉，人们对道德荣誉的天生喜好崇拜之情与功利得失毫无关系。

　　另外，哈奇森认为，道德感是一种完全自觉自愿的自由动机，不会因为外在毁誉而生灭，只有以道德感为动机的行为才是真正的道德行为，道德感是道德定性的唯一原则。当自己独处、没有任何人监督自己时，一切道德行为都是发自道德感的自觉自愿，都是自己的真实意愿，不期待也不在乎任何外在的评价，道德感成为自己内心唯一的意识冲动。不管是否有人表扬自己，自己也会产生行善的冲动，赞赏善良行为。这种道德行为才是发自真实本性的"真善"。追求荣誉的行为则不同，荣誉只是一种外在的诱惑，追求荣誉的行为仅仅是外在诱惑强迫下的被动行为，而不是内心自觉自愿的自由行为。为荣誉所迫的行为仅仅是一种沽名钓誉的自爱本能。不管这种行为产生多么大的实际利益，都和道德感无关，属于道德"伪善"，不是道德行为，不具备道德的崇高性质。因此，当孩子为得到表扬而行善时，其行为只是一种自爱行为，是一种被荣誉支配的被动行为，并不是孩子内心真正的愿望，孩子内心其实非常讨厌它，如果没有得到表扬，就会失去行为的激情。一旦孩子自己独处时，没有人在旁边表扬自己，也不会有人发现自己的道德行为，那么，他就会中止这种被迫的道德行为。因此，后天荣誉的诱惑不可能产生真正的道德行为。

反对快乐主义起源论

快乐主义道德起源论是自爱论的另一种主要表现形式，它主张追求快乐是人的自爱本能，是人们一切行为的最终动力，道德行为也正是快乐驱动的结果。道德的目的是快乐，道德的动机也是快乐。快乐欲望先于道德欲望，对快乐的追求是道德行为的最终动力。因此，自爱既可以让人行恶，也同样可以让人行善。道德行为本质上也是一种自爱行为。

比如，孟德威尔认为父母在孩子刚出生的时候并没有产生强烈的爱，只是后来孩子逐渐懂事了，变得可爱了，给父母带来了快乐，父母的爱才逐渐强烈。当孩子饥寒交迫的时候，父母会感到非常痛苦，孩子饥寒交迫给自己带来的痛苦远远大于自己丰衣足食的快乐。为了摆脱孩子痛苦给自己带来的痛苦，父母宁可放弃自己丰衣足食的快乐，把稀缺的食品和服装留给自己的孩子，也要摆脱自己孩子饥寒交迫给自己带来的痛苦。

同样，当孩子丰衣足食的时候，父母会感到非常快乐，即使自己饥寒交迫，孩子丰衣足食给自己带来的快乐也远远大于自己饥寒交迫的痛苦。为了追求这种快乐，父母宁可自己忍饥挨饿，也要让自己的孩子吃饱穿暖。因此，父母不自觉地关心、爱护自己孩子的本能实际上起源于人们追求快乐的欲望，是趋利避害、趋乐避苦自爱本能的表现，表现在父母身上这种表面无私的仁爱品质实际上正是自爱本能的表现形式之一。

哈奇森用道德感理论批判快乐主义道德起源论。哈奇森认为，感觉是一切苦乐观念的前提，人们心中先天存在的道德感是道德快乐的前提。由于道德感的存在，人们才能接受道德观念，才有善恶判断，才能激发道德赞赏或者厌恶，产生道德情操。因此，道德情操在道德感之后，并以道德感为基础，道德感是道德快乐的前提。如果没有道德感，人们或许会有其他的快乐，但不会有道德快乐，不会从道德行为中得到快乐，那么，渴望从道德行为中得到快乐的人就会失望，他们的道德行为就必然失去动力，所谓道德行为的快乐动机也就无从谈起。正因为父母心中天生的道德感，才使他们从孩子的快乐中得到更人的快乐，从孩子的痛苦中遭受更大的痛苦。因此，道德起源于道德感，道德快乐只是道德行为的结果而不是原因。

同时，哈奇森以道德定性原则为基础，区别了道德快乐和自爱快乐。哈奇森认为，道德行为和自爱行为性质不同。道德行为不追求快乐，而是追求利他。利他动机是道德行为的唯一动力，实现利他是道德行为实现自己的标志。人们并不是为了快乐才产生道德行为，恰好相反，一个真正有道德的人，当他行善的时候，他不会考虑到这种善举是否会给自己带来快乐，否则它就是一个伪君子，而不是道德崇高的人。**道德快乐不是追求快乐的结果，而是一种无求于快乐的快乐**，人们正是从没有任何快乐欲望的道德行为中得到了最大的道德快乐，而任何一个善良行为都会给行善者、受善者和旁观者带来无法摆脱的快乐。因此，哈奇森坚持道德先于快乐，反对快乐先于道德。真正快乐的人就是真正的道德人，真正的道德人就是真正快乐的人。真正快乐的人根本不需要再去追求快乐，不会因为快乐的诱惑而行善，正如饱食之后不再有食欲一样。孟德威尔等人把道德行为的原因归结为快乐动力，并以此推论道德的"自私"本原，哈奇森认为这是片面的、错误的。

相对于道德行为而言，自爱行为以快乐为目的，追求快乐是其主要的行为动机。和追求功利、名誉一样，对快乐的追求是一种利己动机，是自爱本能的表现形式，属于自爱行为而不是仁爱行为。追求快乐而得到的快乐只是自爱快乐，是自爱行为实现自己的标志，不是道德快乐，也不代表道德目标的实现。哈奇森强调，不为快乐而行善的人总是无法摆脱道德那种崇高的快乐，而追求快乐的道德伪善永远不能给人们带来真正的道德快乐，永远无法获得道德那种崇高的快乐。

哈奇森还用内感觉理论驳斥了快乐动力论。从内感觉认识论出发，哈奇森认为快乐只是快乐感的孪生物，没有内心的先天快乐感，人们就不可能有快乐，更不可能产生追求快乐的欲望和动力，正如没有味觉就没有美味，也就没有追求美味的欲望一样。因此，快乐只是结果，而不是原因。快乐感才是快乐的真正原因，也才是人们相关行为的最后根源，是促成相关行为的原初动力。也就是说，人们内心先天存在的快乐感是人们能够感觉到对象内部所包含的快乐属性的前提，并促使人们追求快乐。如果没有快乐感，如果快乐感只能够存在于对象中，人们就不可能感觉到快乐，也不会有追求快乐的冲动。人们从快乐中获得利益，而不是从利益中获得快乐；快乐在行为之前推动行为，而不是在行为之后拉动行为。因此，快乐感不仅是快乐情感的基础，也是人们追逐利益行为的基础。

因此，哈奇森强调道德行为不同于自爱行为，道德情操不同于自爱情感，道德动机不同于自爱动机。道德行为起源于道德欲望，自爱行为起源于快乐欲望。他批评自爱论者无视人性中崇高的"道德感"，把人崇高的道德本性污蔑为卑劣的私欲，把商人之间那种利害交错的自私自爱混同于父母对孩子那种崇高的无私之爱，倒果为因，致使快乐和道德错位。

哈奇森驳斥孟德威尔说，父母并不因为孩子懂事才爱孩子，相反，父母一开始就对孩子有着强烈的爱，即使自己的孩子是完全不懂事的白痴，父母对他们的爱也丝毫不会减少。孩子的饥寒交迫并不直接导致父母的痛苦，父母是因为内心存在的道德感才体会到自己孩子的痛苦，因为自己内心的道德感才怜悯自己孩子的痛苦。父母不是为了摆脱饥寒交迫的痛苦才爱自己的孩子，不会为了追求丰衣足食的快乐而抛弃自己的孩子，父母对自己孩子的爱永远不会因为自己的利害得失而有任何褪色。有些人认为，孩子是父母的一部分，因此父母爱孩子就是爱自己的一部分，正如人们爱惜自己的器官一样，这种爱也是一种自爱本能的体现，对于这种观点，哈奇森机智地反驳说，如果因为对方是自己的一部分而产生爱，那么，一只苍蝇或者蛆虫也可能在自己流出的血液或体液中长大，它们岂不成为亲爱的昆虫了吗？因此，父母对孩子的爱是无私的，它和自私的爱是完全不同的两种情感。这种无私的爱不计较苦乐，不计较利害。苦乐、利害只是爱的结果，而不是原因。

反对宗教起源论

自爱论还表现在道德的宗教起源论中。宗教主义者认为，由于对无所不能的上帝惩恶扬善的敬畏，人们总是虔诚地约束自己，用虔诚和善意践行宗教道德，从而换取上帝的恩赐，免除上帝的惩罚，最终实现道德自律。所以，道德行为并不是天生的，而是宗教教化的结果，是人们追求幸福的自爱本能的表现。

哈奇森从道德定性原则出发，反对道德的宗教起源说。他认为只有出于道德动机的行为才是道德行为，出于宗教恐惧而被迫的行为只是一种追求个人利益的自爱行为，不是道德行为。宗教和道德没有必然联系。那些没有宗教信仰也不图未来回报的人也有关于正义、慷慨、乐善好施等道德观念，对变节、残忍、非正义等也有天然的厌恶感。而有些牧师，面对信徒布道的时候总是高声赞美博爱无私，但却经常占有上帝的祭品，甚至作恶多端，为害一方。而另外一些教徒虽然没有用宗教做幌子作恶多端，却是为了获取快乐、为了上帝的恩赐才去信奉上帝，他们对自己的利害得失斤斤计较。对他们来说，虔诚的信仰本身不是目的，而是实现快乐目的的阴谋。宗教、上帝只不过是他们谋取个人利益、实现个人快乐的手段，快乐的目的优先于皈依上帝的目的。

哈奇森认为，这些人并不是真正的宗教徒，充其量不过是宗教投机分子。其行为动机是自己的个人利益，而不是对上帝的真心崇拜；他们虔诚信奉的不是上帝而是个人利益；他们的宗教情节不是出于个人自愿，而是利益强迫的结果。因此，他们的宗教行为仅仅是人性趋利避害自爱本能的表现，不具备道德属性，不是道德行为，没有道德自律特点。他们对上帝恩赐的贪婪使他们失去了宗教徒的高尚品德，也阻碍了他们获得虔诚信仰本身所蕴含的高尚快乐。

对真正的宗教徒来说，虔诚的信仰本身就是目的，而不是实现阴谋的工具。他们并不是为了快乐、为了上帝的恩赐才信奉上帝，而是真心实意把自己的一切都献给上帝；不是把上帝当作维护自己利益的工具，而是把自己当作维护上帝利益的工具；不是把宗教当作谋取快乐的阴谋和手段，而是在信奉上帝以后才获得快乐。对他们而言，上帝就是目的，而不是工具。因此，他们在忘我的无私奉献的高尚品德中获得涅槃，只有他们才配得上称为真正的宗教徒，只有真正的宗教徒才具有真正的宗教道德，才能够产生纯真的宗教情节，才能获得崇高、深沉、持久、强烈的宗教快乐。因此，哈奇森认为，正是道德才使宗教真正实现自己，使宗教徒成为名副其实的宗教徒，而不是宗教投机分子。道德源于道德感而不是宗教。

另外，宗教起源论还有一种观点认为，社会公益之心是上帝植入人性的一种本能，是内心存在的上帝意志。人的理性引导人们尊崇上帝的意志，顺从上帝的善良本性，因而积极追求致力于社会公益等仁爱道德。因此，道德行为源于宗教理性。

哈奇森反驳说，什么样的理由让人们顺从上帝的善良本性呢？是神的理性还是人们追求快乐的理性？如果是神的理性促使神追求公共利益，并把这种品质植入人的内心，让人性跟随神性追求社会公益，那么，神的理性是什么？最后我们仍然会回到"本能"的前提上，即神性是不可知道的，但确确实实是一种上帝的"善良本能"。如果是为了快乐而顺从神性，那么，追求快乐仅仅是一种自爱情感，为了快乐而行善仅仅是一种道德伪善，不是道德行为，因此，理性最多只能是"伪善"的根源，不是实际意义的"善源"。就算追求社会公益是理性引导人们顺从神性而获得快乐的结果，那么，"为了快乐"也仅仅是一种指向其他更高目的的"次级目的"，属于"激发理性"，人们同样无法回答究竟是什么样的理由促成这种理性。也就是说，即使承认理性是行为的动机，那么，理性动机背后的动机又是什么？如果说人们追求社会公益背后的动机是上帝及其神性，而上帝及其神性背后更深刻的动机是"追求快乐"，那么，追求快乐背后的动机是理性无能为力的人性本能，它才是理性知道快乐、权衡快乐和追求快乐的基础和前提。如果失去了这种本能，理性永远不知道何为快乐，也不知道如何追求快乐，那么，理性主义所说的社会公益之心也就不可能出现。因此，即使是为了个人快乐的道德伪善，其根源也绝不是宗教理性，真正崇高的道德行为更不可能建立在宗教理性基础上。

因此，无论是真正致力于社会公益的真善还是为了快乐而致力于社会公益的伪善，其根源要么就是自爱，要么就是仁爱，无论哪一种行为的根源都不是理性。所以，哈奇森明确宣布，道德所有可能的理由只能"要么以某种情感为前提……要么以某种道德感为前提"，宗教理性不足以证明道德源出于理性，也和上帝无关。

　　总之，哈奇森把道德感作为道德认知、道德判断、道德行为，乃至一切道德世界（道德环境）的唯一根源，道德动机是道德定性的唯一标准，这显然已经在道德领域确立了一条明确的道德主体性原则。后来，康德、费尔巴哈等人进一步继承和发展了哈奇森的道德动机论，康德提出了道德的绝对命令，费尔巴哈则直接认为，只有唯一无二地、绝对地和无条件地以他人的幸福作为自己行动的原则和准则的人，才是善的和"道德的"。

第 4 章

道德情操

　　以内感觉和外感觉两种感觉论为基础，哈奇森提出了两类情感说——把情感分为自爱情感和非自爱情感。非自爱情感包括审美情感、道德情操等，道德情操高于自爱情感，是仁爱本能的表现形式之一。这种观念在一定程度上影响自爱情感和非自爱情感，但不能创造或根除这两种情感。哈奇森详细分析了道德情操及其种种表现，并指出自爱情感在一定条件下可以影响道德情操，而道德情操在　定条件下也可以影响自爱情感。哈奇森通过道德情操的客观性论证仁爱人性的客观性，通过论证道德情操高于自爱情感来证明仁爱人性高于自爱人性，并通过自爱情感和道德情操并行不悖、相互影响进一步论证和深化他的善恶两性论，以驳斥孟德威尔等人否定人类仁爱天性的极端性恶论。

一、两类情感学说及其理论基础

　　哈奇森认为，自爱情感源于自我的利害得失，和外感觉关系密切，具有明显的功利特征。非自爱情感和自我的利害得失

071

无关，和内感觉关系密切，没有任何功利特征。非自爱情感高于自爱情感。道德情操、审美情感等属于非自爱情感。自爱情感建立在自爱本能的基础上，道德情操建立在仁爱本能的基础上；自爱情感主要表现为一种生理苦乐，道德情操主要表现为一种精神苦乐；自爱情感和道德情操都是对心中所关注对象损益的反映；自爱为了自己而不顾他人，其目的是自己的快乐和利益；仁爱为了别人而不顾自己，其目的是对象的快乐和利益；自爱产生强烈的情感，仁爱产生温和的情感。这就是哈奇森的两类情感说，它实际上是哈奇森善恶两性论的论据之一。

两类情感的表现：两种爱恨

哈奇森认为，道德领域最重要的情感就是"爱"和"恨"，其他所有千变万化的情感都只是这两种原始情感的变种。人们不会无缘无故恨一个人，也不会无缘无故对别人的痛苦表示幸灾乐祸。激发"恨"的原因有两个：要么是有碍于自己的利益，要么是和自己利害得失无关的"邪恶者"的道德恶行。他据此把人们对对象的恨分为两种：损害了自己利益的"伤己之恨"和损害他人利益的"伤人之恨"。前者是出自于自爱本能的自爱之"恨"——比如破财或耻辱之"恨"，后者是出自于道德感的仁爱之"恨"——比如对邪恶行为的怨"恨"。同样，人们不会无缘无故爱一个人，人们产生"爱"的原因也有两个：要么是给自己带来了利益的"利己之爱"——比如爱那些给自己带来荣誉的人；要么是和自己利益无关、但却给别人带来利益的"利人之爱"——比如爱那些舍身为国的仁人志士。"利己之爱"是一种源于自爱本能的自私之"爱"；"利人之爱"和利害无关，属于人的道德情操，它是一种起源于人的道德感的无私的"仁爱之爱"。

"伤己之恨"和"利己之爱"源于自我的功利得失，因而属于自爱情感。"伤人之恨"和"利人之爱"与自我利害得失无关，因而属于非自爱情感，也就是道德情感。哈奇森关于"伤人之恨"和"利人之爱"意在说明，除了和自己利害得失密切相关的情感外，还存在一种和自己利害得失无关的情感。哈奇森分析了"爱恨"情感的自爱根源和非自爱根源，建立了两类情感说，并以两类情感说循环论证了自爱和仁爱并行不悖的善恶两性论。

两类情感的人性基础：善恶两性论

由于哈奇森重点批判自爱论否定人天性仁爱的片面性，因此，他论述的重点是道德感，以确立道德仁爱在人性中的必然性。然而，"道德感"的标签往往容易使人误认为哈奇森是一个否定人性自爱的仁爱论者。

其实，哈奇森在批判孟德威尔的人性论时，并没有用人的仁爱天性否认人的自爱本质。他也承认，人除了道德仁爱的天性以外，必然要追求自己的快乐。而且，人们追求快乐、满足自己就像水往下流、石头滚下山坡一样，完全是一种天然的自爱本能，普天之人，概莫能外。正如沃夫冈·雷德霍德在评价哈奇森时所说的，人被两种完全相反的原则所驱动：爱和自爱，并且自由选择任意之一。哈奇森认为，人的自爱本能贯穿于人的一切行为中，包括人的道德行为，趋利避害是这种自爱本能的主要表现。自爱实际上和仁爱一样，两者都是全体利益所必不可少的因素。如果没有自爱心，将会给社会带来普遍的害处。

为了说清楚自爱人性和仁爱人性，哈奇森把人的欲望划分为五种：满足感官享受的肉欲，满足思想快乐的思欲，希望别人快乐的乐他欲，追求道德情操的道德欲，追求荣誉和名声的荣誉欲。相对这五种欲望也有五种厌恶，即厌恶肉体痛苦，厌恶思想混乱，厌恶他人痛苦，厌恶邪恶缺德，厌恶耻辱。这五种厌恶其实也就是五种摆脱厌恶的欲望。在他看来，对肉体享受的快乐和对肉体痛苦的厌恶是一种天生本能，任何人都不能例外。他把这种本能归结为一种外感觉情感。肉欲、思欲和荣誉欲以及三种相应的情感是自爱人性的表现形式，也就是自爱情感，这些情感的客观性证明了人性自爱的客观性。

哈奇森认为，自爱以自己利益为中心，在追逐利益的过程中必然导致恶行。因为在利益驱动下，人们会做出损人利己的恶行。如果没有利益驱动，人们没有了自爱，不仅邪恶的行为动机会减弱甚至熄灭，人类也将因此失去最强大的行为动力。比如，奢侈虽然是一种浪费，但是，它让人们追求超出自己实际需要的生活必需品，从而为社会创造出远远高于生活需求的财富。如果不允许人们储存超出自己目前需要的财产，工业只能够在脆弱的普遍仁爱动机推动下延续。因此，自爱同时具有积极因素和消极因素：创造社会财富和损人利己。哈奇森对自爱、能力和利益之间的关系进行了深入思考，并专门设计了一个公式来揭示三者之间的函数关系。他认为，自爱情感建立在自爱本能基础上，以自爱为动机和目的。自爱情感的强弱和自己的利害得失密切相关。如果不涉及自己切身利害，人们不会对别人怀有恶意，也很少会对别人陷入痛苦而幸灾乐祸。也就是说，自爱情感产生于自己的利害得失，服务于自己的利害得失，终结于自己的利害得失。

由于趋利避害的自爱本能，在利弊权衡下，自爱情感的唯

一、普遍的原则是：**快乐高于痛苦**。这条总原则在理性参与下具体表现为四条规则：**大乐高于小乐，小苦高于大苦，现实高于未来，近处高于远处**。哈奇森提出了痛苦和快乐混合条件下的情感取向。他说，由于痛苦让人感到切身的痛，虚幻的利益只能够让人在幻想中得到安慰。因此，存在的痛苦比不存在的利益更让我们感到难受，折磨是一种比利益贿赂更熬人的环境。由于摆脱痛苦、折磨就是追求快乐，摆脱了现实的痛苦、折磨就是获得了现实的快乐，摆脱现存的痛苦本身就是一种现实的快乐，一种比未来更具有诱惑力的快乐，而现实高于未来，现实快乐高于未来快乐。因此，摆脱现实折磨的动力远远高于追求未来快乐（利益贿赂）的动力。痛苦比快乐更能够激发人的激情和活力，"避害"动力强于"趋利"的动力，更容易让人行恶。而不管是摆脱折磨还是追求快乐都是自爱情感的表现。

两类情感的认识论基础：两种感觉论

哈奇森关于内、外感觉的认识论思想是其伦理学体系的基石，他的两类情感说和两种感觉论有非常密切的联系。他认为，情感是一种人性本能，受到主体先天感觉能力的影响，不同的感觉能够把情感引导向不同的类型。观念及其联系能够左右人们的行为意志，影响人的情感，但不能创造人的情感。

首先，情感是一种人性本能，受到主体先天感觉能力的影响。哈奇森对感觉能力和感觉对象作了区别。在他看来，先天存在的感觉能力是一切感觉得以可能的根据，也是人们获得一切知识、观念的前提，甚至是一切感觉对象"存在"的基础。他把这种感觉能力区别为外感觉和内感觉，外感觉主要是指人的生理感受，以生理感官为基础，感知对象直接、具体的感性现象，感知其直接、具体的观念，通过生理刺激而产生和自身生理反应息息相关的感性情感，比如饱暖的快乐和饥寒交迫的痛苦等；内感觉和自身的生理感受无关，而是心灵的知觉，感知内容不是对象的直观性、具体性等感性特征，而是对象的普遍性、间接性等抽象特征。内感觉的情感和生理刺激无关，它独立于人的生理损益、功利得失。外感觉所产生的生理激情、功利情感在一定程度上表现了人性的自爱本能，而内感觉所激发的心理情绪、非功利情感则在很大程度上表现了人的仁爱本能。这样，他通过两种感觉论建立了两类情感说，并反过来论证了善恶两性论。

以两种感觉论为前提，哈奇森认为，对象对情感的影响取决于人对对象观念的感知。人们内心先存在感觉快乐观念的能力，才能感觉到快乐的对象，产生快乐的观念，并借此获得快乐情感。哈奇森把这种感觉快乐等情感对象的能力叫作快乐感。人们并没有从对象直接"感觉"到快乐，而是通过快乐感感觉到快乐。和道德感、美感等内感觉一样，"快乐感"也是人们感知快乐的先天本能，是内感觉的表现形式之一，它使人们能够感知外在对象的快乐属性，并通过这些所感知的快乐属性激发内心的快乐情感。因为快乐感的存在，人们可以同时享受内感觉和外感觉的快乐。如果没有快乐感的感知，无论对象多么令人愉快，人们也不会得到任何快乐。

哈奇森认为，快乐感不仅是快乐观念和快乐情感的前提，也是快乐对象的前提。在他看来，对象的情感属性取决于人的情感存在，依赖于人们的感知。如果没有被人感知，无论对象好坏，都不足以"苦""乐"定义，不具备情感属性。因此，从感觉角度说，对象的属性不存在快乐与否，而是其属性刺激了人的快乐感，是快乐感把快乐属性赋予了对象。也就是说，"苦""乐"的价值属性来源于对象在内心所激发的苦乐观念及其情感。缺乏这种感觉前提，人们无从感知快乐对象的存在，也无法从对象中获得快乐。因此，人们的快乐取决于对象的快乐属性、对快乐属性的感知能力、对快乐属性的感知，这就是快乐情感的三个因素：快乐对象、快乐观念和快乐感。其中快乐感是其他两个因素的基础，也是快乐情感的最终来源。

其次，主体的好恶、褒贬情感受到观念及其联系的影响。哈奇森继承了洛克等人的思想，他认为不同的人对同一个对象会产生不同的观念，同一个人在不同的时间地点对同一个对象会产生不同的观念，不同的观念和观念之间不同的联系就形成人们不同的观念联想（想象）。

观念联想（想象）和情感直接联系在一起。不同的观念联想、不同的想象会导致不同的情感变化，因此，不同观念及观念联想决定了不同的善恶美丑等情感产生及其变化。不同的人有不同的观念，因而有不同的善恶美丑等情感。同一个人在不同的时间、地点会有不同的观念，因而也会有不同的善恶美丑等情感。在一部分人看来是美善的东西，另一部分人可能认为是丑恶。有的人认美为丑，有的人认贼作父，有的人卖国为荣。总之，观念在很大程度上影响人们的价值观和审美观。所以，哈奇森说，如果把恶心、胃疼的观念和美酒联系在一起，那么，美酒就不再成其为美酒。

同时，哈奇森把简单观念和简单情感、复杂观念和复杂情感联系起来，简单观念（主要是外感觉观念）产生简单情感（主要是自爱情感），复杂观念（更多的是内感觉观念）产生复杂情感（主要是非自爱情感）。因此，哈奇森认为，教育和习惯可以影响我们的内感觉，开阔人的视野，提高思维能力，让人们感知到更深层次的观念。面对同一个美丽的物体，受到相关教育和习惯熏陶的人会产生更强烈的快乐情感，他们所感知的快乐情感"将远远高于"平常的人，而没有受到教育或习惯影响的人就不会产生同样强烈的情感，甚至不能感觉到一些比较明显的美中不足之处。

第三，观念影响行为意志。哈奇森认为，观念不仅影响人们的情感，而且直接通过对情感的影响而左右人们的行为意志。比如，法律意识可以在一定程度上阻止犯罪行为，也可能助长人们的犯罪意识。当人们意识到自己的犯罪行为会遭到法律惩罚时，为了逃避惩罚，人的自爱本能让他们压抑通过犯法而谋取不法利益的欲望，从而变成奉公守法的良民，法律的惩罚会让人们畏而却步。但是，如果他们具备了足够的法律知识，有能力和法律捉迷藏，钻法律空子，逃避法律惩罚，嘲弄立法权威，用法律谋取法律所不允许的不正当利益——哈奇森称之为"道德原罪"，那么，利益诱惑会让他们铤而走险，以身试法。因此，守法是为了逃避惩罚，违法是为了追逐利益，两者都是趋利避害自爱本能的表现——谁能够让人们获得利益，人们就毫不犹豫地皈依谁，无论是守法还是违法都没有本质上的区别，他们仅仅是人们获取自己利益的不同手段，其根本的动机都是建立在不同认识水平之上的利益驱动，建立在不同观念之上的利益权衡。因此，人们的观念、理性能够直接影响人们的情感和意志，直接左右人们的行为方式，影响人们的行为后果。

哈奇森关于观念和情感之间关系的认识是非常深刻的。现代医学研究结果表明，如果人脑遭到损害，必然破坏或改变人的情感世界。通过特定的药物可以改变神经介质的状态，从而改变信息脉冲在神经网络中的传递方式，以此缓解疼痛或者激发活力。如果改变某一个或者一组神经元的电位，就能够直接控制相关神经元的电位变化，从而同样可以达到控制神经系统中的信息和能量传递的目的。科学家们已经成功使用大脑电刺激方法激发人或者动物的攻击、警觉、逃跑、吃食、饮水、运动、快乐、回忆、说话和流泪等行为。中国的针灸在某种程度上也是通过神经元电位和通道控制以实现疏通经络、活血化瘀等目的，从而调节人的情绪，激发身体活力。所有这一切都在一定程度上说明，信息（观念）在神经系统中的运行对人的情感会产生相应影响。当然，哈奇森生活的时代还没有系统发达的脑科学、神经科学研究及其成果，但是，这从另一个角度体现了哈奇森对情感和观念关系卓越不凡的深刻见识。

观念影响论与观念决定论

需要指出的是，哈奇森关于情感领域的**观念影响论**绝不能混同于**观念决定论**。他把内感觉先天和后天的辩证关系直接贯穿于情感学说中。在哈奇森那里，人们对观念的感觉能力是先天存在的，任何后天因素都无法改变它的存在，因此，没有内感觉就无法感知善恶美丑，没有味觉就无法感觉酸甜苦辣。但是，这种先天存在的感觉能力大小可以受到后天因素的影响。也就是说，后天因素**无法改变感觉能力的存在**，但却**可以改变其存在状态**。这就是哈奇森关于感觉的先天和后天的辩证思想之一。在此基础上，哈奇森提出了情感的先天和后天的辩证思想。他认为情感是先天存在的，观念只是影响情感，无法根除或者生产情感。七情六欲天然存在，喜怒哀乐无法杜绝。也就是说，**观念能够改变情感的存在形式，**可以把快乐的情感引向痛苦的情感，可以把微弱的情感引向强烈的情感，但是，**观念**

不能够改变情感存在本身，不能创造任何情感，当然也不能根除任何情感。苦就是苦，即使观念能够引导苦事变成乐事，苦也永远不是乐。反之亦然。如果没有先天的情感，无论任何观念都无法创造一丁点快乐或者痛苦的情感。正如优秀的厨师虽然可以创造花样百出的菜肴，但如果没有原材料，他就连一滴汤水也做不出来。感觉的先天与后天的辩证关系很大程度上决定了情感的先天与后天的辩证关系。休谟后来说观念对情感无能为力，也就是对哈奇森观念影响论的深化和澄清。

总之，哈奇森继承了经验主义认识论的观点，认为观念来源于感觉经验。但是，他又不局限于经验主义的狭隘性，他认为经验感觉还存在一种更深刻的形式。通过对这种形式的深入思考，他最终发现"道德感""美感""快乐感"等"内感觉"形式，揭示了对普遍性对象认识的先大基础，探索性思考了内感觉的运行机制，并把这种内在的"感"作为相应情感的构成要素。通过分析观念和情感之间的联系，揭示了观念在整个情感活动中的重要影响。"观念影响情感"的思想在理性和非理性之间建立了一种朦胧的联系，蕴含了理性主义和非理性主义的统一，为情感领域研究提供了一个有益的启示。

二、道德情操

哈奇森分析了观念和情感之间的联系之后，进一步提出了道德情操起源于道德感，同情是道德情操最显著的表现形式之一。道德情操高于自爱情感，能够给人带来更大的快乐，也能给人带来更大的痛苦。道德情操的最高境界就是最大多数人的最大快乐。

道德情操的来源：道德感

哈奇森认为，人不仅有自爱情感，也有非自爱情感，道德情操就是非自爱情感之一。道德情操不同于自爱情感，不是起源于自爱，与个人的利害得失无关，道德情操是一种发自内心的、本能的对他人仁爱和怜悯，丝毫不计较任何个人得失。这种普遍存在的道德情操根源于每个人内心先天的道德感，能够使人们对包括"最遥远物种"在内的一切存在产生怜悯关爱之情。

孟德威尔等人认为，不管是有意识的道德主体还是无意识的物体，只要能够让人们得到好处，人们都会爱他们。道德之所以受到人们的钟"爱"，就是因为道德可以让人们在现实中或者想象中受益，因此，人们爱道德主体纯粹是出于个人利益。就像人们喜欢美味佳肴一样，人们喜欢道德也是自爱本能的表现。

哈奇森批评孟德威尔说，如果因为自己从道德行为中得到好处才去爱道德主体，那么，这只是一种源于自爱的情感，只是外感觉受到利益刺激而产生的情感，而根本不是道德情操。否则另一个不相干的人可以贿赂我们全身心去爱一个穷凶极恶的恶棍。同样，如果道德的基础是自爱，那么，利他的道德行为不会给自爱者带来任何的利益，自爱的人就不会喜欢、不会赞赏也不会崇拜利他的道德行为，而利己的道德恶行如果能够给自己带来好处，自己就会把它作为圣贤而顶礼膜拜。但事实是，即使和自己利害无关的道德行为，也能够激发喜爱和崇敬；即使能够给自己带来实际的利益的缺德行为，自己也不会因此承认这种恶行是崇高的道德行为。一个对自己不利的判决，只要它是正义的，即使是受害者自己心里也会表示赞赏。这证明，道德情操起源于内心的道德感，是仁爱本性的表现，和自爱没有必然的联系。道德情操不是起源于自爱，不会因为自爱出现而出现，当然也不会因为自爱消失而消失。

哈奇森还用乱伦者和奸商的例子说明道德情操起源于道德本能而非自爱本能。哈奇森认为，如果只有自爱本能而没有道德本能，人们只会认为乱伦有害而躲避它，而不会厌恶乱伦者；如果只有自爱本能而没有道德本能，人们仅仅会躲避奸商的危害，而不会厌恶和自己无关的奸商。但事实是，不管是奸商还是乱伦者，不管他们是否对我们构成伤害，我们仍然情不自禁地对他们产生强烈的厌恶感。这种厌恶恰好证明了道德本能不依赖于后天环境的变化、不依赖于任何利害得失的情景场合，而是先天自然的，独立于后天的习惯和教育。

道德情操的表现：同情

哈奇森认为，当我们处于痛苦和沮丧的时候，只要我们不掩盖内心的真实情感，痛苦和沮丧就会马上出现在脸上，并且马上向周围扩散，任何一个旁观者都会毫无例外地感觉到这种痛苦的情绪，并受到这种痛苦表情的感染，从而使自己也陷入痛苦中。它让我们情不自禁伸出援助之手，有时候甚至让敌人变得宽厚和仁慈。这种情感传递就是仁爱人性最直接的表现：同情。"同情"使人们不计较个人得失，并设身处地考虑他人的利益。同情是人性本能，它根源于道德感，并由于道德感的普遍性、客观性而具有普遍性、客观性的特征，随着道德感受到自爱影响而出现波动性。

任何人都无法摆脱道德感，因此，任何人都具有同情心。

任何悲剧和痛苦，即使是话剧中的虚构悲剧，也能够激发人的怜悯和同情；面对那些给人制造苦难的邪恶者，即使仅仅是话剧中的虚构，也能够激发人的憎恶和仇视，以及对受害者的深切同情。在戏剧表演中，如果人们没有这种先天的道德情操，没有任何同情心，那么，不管是悲剧还是喜剧，都不会让观众产生情感共鸣，观众对任何情节都会无动于衷，戏剧就失去了自己独特的吸引力。在日常生活中，如果人们没有这种先天的道德情操，没有任何同情心，那么，行恶者既不会遭到自己良知的谴责，也不会遭到别人的谴责，受害者也不会得到他人的同情。人们不仅不能够因为别人的痛苦而感觉到不安，甚至别人的快乐也无法让他受到感染。人与人之间的情感将处于麻木、封闭状态。但事实是，由于人们具有天生的仁爱本性，具有普遍的道德感，能够感知他人的喜怒哀乐，并和自己内心情感产生共鸣。因此，任何人的痛苦，不管是在现实中还是在戏剧中，都会不同程度引发我们的痛苦；任何快乐，不管是在现实中还是在戏剧中，都会让我们受到不同程度的快乐感染。

同情还表现为希望别人快乐、厌恶陷别人于痛苦。哈奇森举例说，当我们看见别人陷入困境时，我们并不是马上想摆脱这种困境传染给我们的痛苦，相反，如果谁表现出这种强烈自私的意图，我们反而感到讨厌。我们真实的意图是希望陷入困境者尽快摆脱困境，而根本没有考虑这是否对我们有任何好处。

如果我们希望陷入困境者尽快摆脱困境的意图无法实现，道德本能会让我们陷入同情痛苦中而不能自拔。这时候，趋利避害、趋乐避苦的自爱本能会在理性指导下让自己想办法从悲痛中解放出来。因为通过理性反思，我们然后明白不要再徒劳地继续纵情于悲切中，自爱促使我们远离那些引起我们同情痛苦的对象，并尽力避免再去想它。因此，在同情对象不能摆脱痛苦的条件下，**道德本能让我们陷入同样的痛苦中，而自爱本能则把我们从该痛苦中解脱出来。**

很显然，哈奇森的"同情"思想内涵了人的自爱本能。相同的情感体验是情感共鸣的基础，同情最核心的要素就是自己的主观感受。只有具备了相同的主观感受，才能把自己作为度量对方情感的尺度。如果没有相同的情感体验，就无法理解对方的情感，更不可能和对方产生情感共鸣。所以，只有仁爱的父母才能够理解父母对儿女的无私挚爱，只有历经磨难和挫折的成功者才能理解胜利者的快乐情感。反之，一个从小在一种冷酷环境下长大、从来不知道什么是爱的孩子，永远不会知道也永远不会承认通过伤害自己居然可以伤害自己最亲密的亲人。由于自己主观尺度的存在，人们才有对被害人的同情和仁爱，对迫害人的厌恶；由于人们普遍具有相同的生理结构，因而具有普遍的心理感受。当内心被悲惨对象激发那一瞬间，主体马上被传染上"痛"的感觉，摆脱这种痛苦的欲望一旦移植到对象身上，就会产生"怜悯""仁爱"等情感。因此，同情本质上和人的自爱分不开，它是一种根源于自爱，但却又完全超越自爱的崇高情感。从这个角度上说，孟子所说的"不忍人"之心也是一种被对象所刺激的自我情感感受。

但是，哈奇森为了确立道德感的崇高地位，以有效反击霍布斯和孟德威尔等人在道德领域中的自爱论、私恶论，坚持把自爱完全排斥在道德的彼岸，并且把同情作为反驳自爱的重要论据之一。这样一来，哈奇森就无法接受自爱情感对象化等思想，无法理解自爱和同情之间的联系，无法说明同情、仁爱、怜悯等道德情操的根源，只好把同情的根源归结为道德感。普遍的对象化自爱情感因而被他扭曲为普遍的道德感，抽象的道德感取代了感性的情感体验，从而陷入了同时把自爱情感神圣化和把神圣情感自爱化的逻辑悖论中。用偏见打击偏见，必然被偏见淹没在偏见中。哈奇森在道德领域中对自爱论的偏见最终让他在该领域中从反对极端自爱论走向了极端仁爱论。

道德情操的最高境界：最大多数人的最大快乐

什么是最大的快乐？这一直是伦理学研究中争论最激烈的问题之一。不同的人、不同的学派分别给出了理性快乐、自爱快乐、欲望快乐、功利快乐、道德快乐、审美快乐等不同的甚至完全矛盾的答案。以两种感觉论为基础，哈奇森把所有情感快乐划分为自爱快乐和非自爱快乐两大类，它们分别受到内感觉和外感觉的影响，道德快乐和审美快乐就是非自爱快乐的两种形式。通过对快乐的手段、程度、范围和持续时间等的分析，哈奇森认为其他的快乐都不是最大的快乐，只有道德情操才能创造最大的快乐，而最好的道德行为、道德的最高境界就是"最大多数人的最大快乐"，最坏的行为、最大的恶行就是"最大多数人的最大痛苦"。

哈奇森把道德快乐确立为最高快乐，指出自爱情感并不能达到道德情操的最高快乐，道德情操高于自爱情感，目的是以此来证明道德人性高于自爱人性，呼吁人们通过追求道德实现最高快乐，使人们都变成自觉的道德人，以实现建构道德社会的理想。

首先，从来源方面看，道德快乐高于自爱快乐。哈奇森的观念影响论表明，观念直接影响情感的状态，而两种感觉论表明，外感觉是一种低级的感觉能力，只能接收到低级、简单、具体的观念，满足自爱本能的需要；内感觉是一种更高级的感觉能力，能接收到高级、复杂、抽象普遍的观念。内感觉观念高于外感觉观念，因而内感觉情感高于外感觉情感。哈奇森认为，感官直接感觉到快乐的对象叫作直接之善（immediately Good），其所刺激的感官快乐叫作直接快乐，比如声、色、味等物质对象；通过理性反思才能感觉到快乐的对象叫作间接之善，其所刺激的快乐叫作间接快乐，比如财富和权力，它们不能提供任何直接快乐，而必须通过换取其他物质对象才能刺激感官快乐。不管是直接快乐还是间接快乐都是以"自爱"或者"利益"为动机，都是一种自爱情感，都是通过外感觉而产生的情感。它们转瞬即逝，持续时间不长，并且强度不大。

哈奇森特别强调，在研究快乐的时候把目的及其实现目的的手段区别开来是最重要的。在他看来，理性仅仅是人们实现自己利益的工具，是自爱本能借以实现的手段，不是目的。理性不是获得快乐的最佳手段，理性快乐只是自爱快乐，而不是最强烈、最持久的快乐。只有道德才是获得快乐的最佳手段，才是实现这种最高快乐的最好工具，只有道德创造的快乐才是最强烈、最持久的快乐。因此，人们只有通过道德才能获取最高的快乐。这样，哈奇森通过对内感觉和外感觉认识方式的对比，阐明了道德情操高于自爱情感、道德快乐高于自爱快乐、道德痛苦高于自爱痛苦，从情感领域论证了仁爱高于自爱。

其次，从情感强度来看，道德情操高于自爱情感。哈奇森认为，不论是道德感产生的快乐还是痛苦都是自爱情感无法相比的。道德感赋予人们的快乐和痛苦将远远高于人类所有其他能力。它既能够给人带来最大的快乐，也能给人带来最大的痛苦。当人们践行、反省或者推崇道德品行时，所获得的快乐将远远高于获得功利、财富给人们带来的快乐。道德上的美与和谐等内感觉快乐在很大程度上让人们忘记愤怒、怨恨和报复，从而摆脱利害得失等自爱情感的痛苦，获得一种与利害得失无关的道德情操快乐。反之，当人们践行、反省或者屈从于道德恶行时，人们因为自己的恶行而感到懊悔和耻辱时所经受的痛苦将远远高于失去功利、财富给人们带来的痛苦。因此，哈奇森认为，虽然功利、财富等能够给人带来一定的快乐，失去了功利和财富将给人带来一定的痛苦，但是，**道德富有是最大的快乐，道德缺失是最大的痛苦。**

再次，从持续时间来看，道德情操高于自爱情感。在哈奇森看来，对眼耳鼻舌身等器官刺激形成的生理快乐来源于此起彼伏的外感觉，由于外感觉变幻万千，转瞬即逝，因此，以之为基础的生理快乐也是短暂的，而且非常微弱。而道德快乐以内感觉为基础，内感觉是人最本质、最深刻的感觉，以普遍、抽象的本质存在作为自己的对象，具有高度的稳定性，很难为外物所灭，因此，以之为基础的道德快乐才是最持久最强烈的。当然，时间上的持续性不仅表现在道德快乐持续时间长于自爱快乐，也表现在道德痛苦持续时间长于自爱痛苦。有些道德良心的谴责将终身折磨着曾经行恶的人，如疽附骨，让人终生不得安宁。

为了进一步说明道德情操和自爱情感在程度和时间上的差别，哈奇森对两性关系进行了深刻的分析。他把性爱分为两个层次：以肉欲为动机的性爱和以道德为动机的情爱。性爱以占有对方为手段，纯粹以肉体发泄为目的，完全是为了自己需要的自私情感，所以没有任何道德属性可言。而情爱则包含了对对方的关心和爱护、对家庭的责任、对孩子的教育和哺养等一系列以利他为动机的道德情操，因而比骚动的诱惑，或者纯粹生理快乐的欲望更快乐、更有效。情爱是一种道德情操，性爱是一种自爱情感。情爱的内容比性爱丰富，情爱的快乐也比性爱强烈，情爱持续的时间远远高于性爱。一些感情深厚的老年伴侣，即便失去了性爱功能，彼此之间也仍然相濡以沫，情意笃厚，有的甚至生死相依，一方在失去了另一方之后不久也随之撒手人寰。因此，哈奇森认为情爱高于性爱，道德情操高于自爱情感。

最后，从范围来看，道德情操高于自爱情感。哈奇森认为，自爱动机总是把一切对象看作实现自己的工具，功利大小是其衡量一切成败得失的最高标准。自爱情感以外感觉为基础，一切以自己的利益为轴心。这种快乐仅仅限于单个人的快乐。在自爱的世界里，人与人之间互为工具，没有关爱、没有友情、没有仁慈、没有怜悯。每个人都是每个人的敌人，一切人成为一切人的工具，温暖的人际关系都将变成冷冰冰的工具关系，一切都为了无休止的利益满足，到处都是清一色的肉欲纵横，那么，没有道德的地方，就没有什么东西值得羡慕和渴求，人们将一直生活在恐惧、仇恨、杀戮的血腥世界中，人世间就将变成冰冷、毫无意思的利益角逐的战场，人们除了紧张、恐惧、死亡之外将一无所有，快乐就根本不可能出现。因此，自爱情感不仅将人们限制在个人狭窄的情感天地中，而且还会消耗快乐，增加痛苦。

相反，在真正的道德社会中，人们完全抛弃对个人得失的功利算计，纯粹以他人的利益为目的，一切为了他人。他人的荣辱兴衰、喜怒哀乐、利害得失就是自己的荣辱兴衰、喜怒哀乐、利害得失。道德快乐和利益范围成正比。同等的利益，受益群体越广，受益人数越多，道德快乐的程度就越强烈；同等的受益群体，受益程度越大，道德快乐的程度就越强烈。最广大的受益群体、最庞大的受益人数的最高利益就是最高的快乐境界。这样，个人的情感世界完全突破了自己狭窄的个人天地，能够和自己之外的不同群体发生共鸣共振，自己和对象融为一体，自己的情感也在群体情感中壮大升华。道德情操使个人没有对自我存在的恐惧，只有充斥于天地之间的浩然正气，没有了对个人琐碎得失的患得患失，只有对他人利益的热诚关注。"最大多数人的利益满足"高于"最大利益的个人满足"，"最大多数人的最大快乐"高于"个人满足的最大快乐"。因此，快乐和道德成正比——道德层次越高，快乐程度越高；道德范围越广，快乐强度越大，持续时间越长。最高的快乐来源于最高的道德，最高的道德蕴含了最高的快乐，"最大多数人的最大快乐"是人生所能追求的最大快乐。

很显然，哈奇森认为道德快乐和自爱快乐是两种完全不同性质的快乐，道德以利他为目的，突破了狭隘的个人天地，道德快乐与受益对象的范围成正比，受益人数越多，道德快乐越强烈，因此，道德快乐是一个覆盖面最广的群体快乐；自爱以利己为目的，只能限制在个人的小天地中，自爱快乐与个人的利害得失成正比，只是一个人的快乐。个人快乐只是一个音符，而群体快乐却是一首乐章。因此，道德快乐高于自爱快乐。

三、自爱情感与道德情操的相互关系

哈奇森认为，道德情操在一定程度上受到自爱情感的影响。当道德情操和自爱情感合而为一的时候，自爱情感强化了道德情操，两者之间呈现一种正反馈关系；当道德情操和自爱情感相冲突的时候，自爱情感弱化甚至暂时取代了道德情操，两者之间呈现一种负反馈关系。但是，不管是对道德情操的强化还是弱化，不管是正反馈还是负反馈，自爱情感都不足以产生或者根除道德情操。道德情操是先天的，不会因为任何后天因素而生灭。哈奇森以此论证仁爱是一种先天的客观存在，不会因为自爱而生灭。

哈奇森认为，道德情操是客观的，但道德情操并不是稳定不变的，它经常出现不同程度的波动。自爱情感影响道德情操的强度变化，对道德情操产生反馈作用，使人们对他人的仁爱怜悯呈现"厚此薄彼"的现象。如果自爱情感和道德情操出现冲突时，谁的强度更大谁就支配人的行为；如果两者没有利害冲突，则其行为同时兼具自爱和仁爱品质。比如，当人们处于道德两难的选择时，如果无法同时兼顾两个相同层次的善行，那么，人们更乐于追求更强烈的情感和冲动。人们对自己孩子的仁爱之情将远远高于对其他孩子的仁爱之情；更喜欢帮助朋友和亲戚而不是帮助陌生人；谁更关爱我们，我们对他就更有好感，更感激他的关怀，对他产生"更强烈的爱"；人们情不自禁爱那些和自己利益更接近的道德行为，而那些和自己关系遥远的道德行为只能够在自己内心激发出微弱的情感。

哈奇森用物体之间的吸引力对道德情操作了形象的比喻。他认为，重力普遍存在于一切物体中，重力大小和物体之间距离远近成正比。物体之间的距离越近，吸引力就越大；物体之间距离越远，吸引力越小。同样，道德仁爱普遍存在于每个人心中，道德情操的强弱取决于对象和自己关系的远近，其强度大小和关系远近成正比。对象和自己关系越近，内心产生的道德情操越强烈；对象和自己的关系越远，内心产生的道德情操就越弱。用关系远近解释道德情操的强弱变化，这显然很难和自爱情感区别开来，在某种程度上甚至可以说，道德情操的强弱正比于自爱情感的强弱。但是，由于哈奇森在道德领域片面排斥自爱本能，因而他没有意识到要从自爱人性思考道德情操变化的原因，他对道德情操强度变化的解释也就显得比较勉强。

哈奇森认为，尽管自爱情感对道德情操有正反馈和负反馈的双重作用，能够有效影响道德情操的存在状态，但是，自爱情感既不能创造道德情操，也不能根除道德情操。

首先，自爱情感无法创造道德情操。道德仁爱是一种与生俱来的人性本能，每个人都有一颗与生俱来的仁爱之心。道德仁爱的客观普遍性形成了道德情操的客观普遍性。道德情操只能够从道德仁爱产生，是仁爱天性的必然表现。利益可能会增强道德情操，但任何利益都不可能创造道德情操。哈奇森举例说，一个叛国者，即使给人们带来了实际的利益，人们也会不由自主地对他产生厌恶、鄙视的情感。在人们心里，叛国者永远是卑贱、邪恶的，如果谁说叛国者品行高尚、伟岸，人们一定不予赞同。

其次，自爱情感无法根除道德情操。有时候，一些更强烈的动机支配了人们的行为，从而弱化了人们的道德动机；或者有时候，人们被激情所蒙蔽，甚至无视自己的利益。人们出于巨大的利益诱惑而忍不住丧心病狂地残害他人，怜悯等情感暂时会被利益诱惑所压抑。然而，人天生的仁爱之情永远不可能被根除。当激情过后，仁爱之心经常再现。哈奇森举例说，人们虽然会对十恶不赦之徒恨之入骨，但是，当他们陷入悲惨境地时，先天的道德感仍然会让人们产生同情、怜悯之情。比如，每当人们想到盗版者给人们带来的伤害时，人们会对他们恨得咬牙切齿，每个人对打击盗版都欢欣雀跃。但当人们想起这些盗版者被流放到荒无人烟的孤岛后的悲惨处境时，想到他们会因此失去种种优秀的能力和令人羡慕的良好生活时，人们又会因此怜悯他们，没有人愿意他们被打击。因此，无论自爱情感多么强烈，它虽然能够影响人们内心的道德情操，却始终无法根除道德情操。

第5章

道德与功利

　　哈奇森绝不是一个功利主义者，但他的伦理思想中包含丰富的功利主义思想。哈奇森的道德功利思想是建立在道德定性的前提下。也就是说，如果不是道德行为，任何功利都不具备道德属性。因此，哈奇森和功利主义有本质的区别：哈奇森以道德定性功利，而功利主义以功利定性道德；在哈奇森看来，任何不是出于道德动机的行为都不是道德行为，在功利主义者看来，任何不能给人带来实际功利的行为都不是道德行为。在道德定量过程中，哈奇森设计了六个公式，试图把数学量化推理的方法运用到道德研究领域中。他还把功利思想运用到政治伦理的研究中，提出了政治伦理的功利标准，创造了独特的三权学说，并进一步界定了权力有限和无限的辩证关系。当然，哈奇森还没有真正理解动机与效果之间的辩证关系，不理解**效果是衡量行为能力大小的标准，而动机是决定行为性质善恶的标准**。因此，动机和效果之间的冲突在他的伦理体系中还是没有能够得到有效解决。

一、道德定量：道德的功利层次

哈奇森用道德动机完成了对道德的定性以后，紧接着对道德进行了定量分析。哈奇森认为，只有道德行为才有道德层次和大小的区别，非道德行为没有道德层次和大小的区别。以功利为动机的行为是自爱行为，不是道德行为，不可能进行道德量化分级。只有以道德感为动机的行为才是道德行为，才能够进行道德量化分级。为此，哈奇森在道德定量过程中区分了道德受体和道德主体。**道德主体**就是道德行为者，**道德受体**就是道德行为的承受者。他从道德主体和道德受体两个角度创立了道德量化理论。哈奇森认为道德主体与自爱本能背离程度越大，道德层次越高，背离层次程度越小，道德层次越低；道德受体所获得的功利越多，道德层次越高，获得的功利越少，道德层次越低。哈奇森关于道德定量学说在一定程度上超越了后来的一些功利主义者道德学说的片面性，较好地驳斥了道德自爱论。

对道德主体量化的非功利标准

在道德主体方面，哈奇森根据道德和自爱的非相关性原则对道德进行定量分析，表现出显著的非功利性特征。他认为，道德和自爱成反比关系。道德主体与自爱之间的关系越远，道德层次就越高，道德主体与自爱之间的关系越近，道德层次就越低，从而创立了道德量化的非自爱分级学说。

首先，道德层次与相关度大小成反比。哈奇森认为，人与人之间的关系包括利益关系、血缘关系、空间关系、时间关系等。相关度越小，与自己关系越远，道德意义就越大，道德层次越高；相关度越大，与自己关系越近，道德意义就越小，道德层次越低。

他举例说，两个效果相同的善行，如果一个是以纯粹仁爱作为动机，另一个以血缘关系远近作为动机，那么，以仁爱为动机的行为更具有道德崇高性。在他看来，情人的爱、父母的爱都是一种很普通的爱，因为它们都和自己利益相关，而且受益对象数量太少，因此道德感染力不高。但是，如果把情人或者孩子的爱转移到一个（或一群）与自己漠不相关的对象身上，那么，其道德感染力就会大大加强。因此，对道德主体而言，利害关系和自己距离越远，道德层次越高，利害关系越近，道德层次越低；纯粹为了自己利益的行为显然没有任何道德层次，为了自己和同盟者的共同利益的行为具有初级的道德层次，为了同盟者的利益而勇于牺牲自己利益的行为具有较高的道德层次，为了毫不相关人的利益而牺牲自己利益的行为才是最崇高的道德行为。

其次，道德恶行与相关性成正比。作恶的对象与作恶者关系越近，恶行就越令人感到愤怒和厌恶；作恶的对象和作恶者关系越远，恶行就越显得微不足道。没有人会认为对空气拳打脚踢是一种不可容忍的恶行，但没有人不认为对自己母亲拳打脚踢的行为是一种不可饶恕的恶行。由于亲人和朋友与自己关系更近，甚至和自己利益密切相关；而陌生人和自己关系不大，对自己利益没有构成任何影响。因此，在结果相等的前提下，算计自己亲人和朋友的恶行远远高于算计不相关的陌生人，而帮助自己亲人和朋友的善行远远低于帮助不相关的陌生人；同样，对陌生人的恶行远远小于对自己亲人的恶行，对朋友的恶行远远小于对父母的恶行。亲人和自己关系更接近，朋友和自己关系更远，当亲人和朋友同时溺水，取亲人而去朋友更符合趋利避害的本能，它虽然会降低道德的崇高性，但其中内涵的恶行却可以得到别人的谅解；但是，如果去亲人而取朋友，它虽然更符合道德不相关原则，具有更高的道德品质，但却同时会显得更邪恶，甚至无法得到人的谅解。

第三，道德层次和自我牺牲成正比。哈奇森认为，利益减少就是品德提高。道德主体自己作出的牺牲越大，道德层次越高；自己作出的牺牲越小，道德层次越低；自己遭到的损失越大，付出越多，道德层次越高；付出越少，遭到的损失越小，道德层次就越低。

第四，道德层次和道德行为的难度成正比。面对诱惑，人们往往难于控制自己的行为，诱惑越大，控制自己的难度越大。面对危险或艰辛，人们往往难于激发自己的行为，危险越大，越是艰辛，行为积极性受挫的程度越大，这就是人自爱本能的表现。在这种情况下，越是艰难的道德行为，行为的难度越高，行为的道德层次越高；越是容易的道德行为，行为的难度越低，行为的道德层次越低，这就是人的仁爱本能的表现，它恰好反衬了人的自爱本能，哈奇森还专门设计了一些计算公式来表达自爱和仁爱成反比的观点。

对道德受体量化的功利标准

在道德受体方面，哈奇森表现出强烈的功利主义特征，功利大小成为其道德量化分级最重要的标准。他以利益大小、受益群体多少、距离时间远近、道德行为的难易程度等对道德行为进行分级量化，把道德划分为不同的层次，创立了道德量化的功利分级学说。

首先，对象的受益范围是道德定量的重要标准。道德与利益的数量成正比。同等的利益，受益群体越广，受益人数越多，道德层次就越高，道德就越具有崇高感。如果某个行为同时既包含有利方面，也包含不利方面，那么，该行为的道德层次取决于受益人数的多少。受益人数越多，受害人数越少，道德层次越高，如果给大多数人带来了利益，尽管损害了少数人的利益，也是道德行为，具有道德崇高性。而以一部分人的利益为动机的行为，即使和整个集体的利益不符合，那也是道德行为。给少数人带来巨大利益的道德行为，即使给多数人带来微不足道的伤害，其道德的崇高性也是不容改变的，只不过这种道德行为的"程度较小"罢了。也就是说，道德的层次和利益层次相关，利益层次决定了道德层次。但是，在效果量化中，哈奇森一直坚持道德感定性原则，他认为，如果该行为致力于给大多数人带来了利益，尽管它损害了少数人的利益，这种行为也是道德的。如果致力于少数人的利益而恶意损害大多数人的利益，给大多数人带来微不足道的利益，却给少数人带来灭顶之灾，那就是一种恶行。

其次，对象的受益程度是道德定量的重要标准。同等的受益群体，受益程度越大，道德层次就越高，道德就越具有崇高感。最广大的受益群体、最庞大的受益人数的最高利益就是最高的道德境界。最好的行为就是最大多数人的最大利益，道德的最高境界就是利益广度和利益程度的有机统一。

在利益冲突的条件下，如果某个行为同时既包含有利方面，也包含不利方面，那么，该行为的道德大小取决于其功利的大小。比如，哈奇森认为，如果人们奉公守法所产生的社会利益远远大于违法乱纪的社会危害，人们应该奉公守法。反之，如果违法乱纪的利益远远大于奉公守法的危害，那么，一个有道德的人即便冒着被法律惩罚的危险，不惜抛头颅洒热血，也要为他人的利益赴汤蹈火而在所不惜，这种违法乱纪的行为不仅和"犯罪无关"，而且是崇高的道德行为。否则，为了守法而置最大多数人利益于不顾的行为就是一种恶行，守法的恶行远远大于违法的恶行，这种恶行理所当然应该受到谴责。另外，哈奇森区分了眼前利益和将来利益。他认为，一些目前产生良好效果的道德行为，如果给未来造成更大的危害，那么，这种在现在看来是善良的行为实际上是一种恶行；反之，如果制止了这些行为，虽然给现在造成了一些损失，但却能够给将来带来更大的利益，那么，这种在现在看来是恶行的行为实际上是一种善行。当然，哈奇森并不认为现在没有将来重要，而是认为现在的蝇头小利没有将来的巨大利益重要。利益的大小是他衡量道德层次的主要标准之一。

快乐原则：对狭隘功利思想的超越

特别值得注意的是，在对自爱人性论的批评中，哈奇森认为，利益能给人带来快乐，损失能给人带来痛苦。通过利益手段给对方带来不同程度的快乐固然是一种道德利他行为，但是，没有通过利益手段却同样给人带来快乐，有时候非利益手段的快乐甚至高于通过利益手段所产生的快乐，因而通过非利益手段（比如刮骨疗伤、安乐死等——笔者注）给人带来快乐同样是一种道德行为。因此，对象或行为"善""恶"不仅可以通过"利他"标准判定，也可以通过"乐他"标准判定，"快乐"也是衡量道德行为、进行道德定性的一个重要标准。道德定性的标准从"利他"扩展到"乐他"，道德定量的标准也从功利大小扩展到了快乐强弱，把功利得失同时作为快乐目的的手段，这在一定意义上有效避免了唯功利论、功利至上思想的片面性。"乐他"正是"利他"表现形式之一，是道德感的必然属性，乐他和利他都同样是以道德感为动机的道德行为。在"乐他"标准下，哈奇森认为道德层次与快乐层次成正比，最大限度激发最大多数人快乐的行为就是最高的道德行为，最高的道德境界就是最大快乐广度和最大快乐强度的有机统一。

首先，道德与快乐广度成正比。道德与快乐所涉及人数的数量成正比。快乐人数越多，快乐涉及范围越广，道德层次就越高，道德就越具有崇高感；快乐人数越少，快乐涉及范围越窄，道德层次就越低，道德就越缺少崇高感。如果快乐范围仅仅限于个人范围，那么，这就仅仅是一种自爱情感，没有任何道德感染力。

其次，道德与快乐强度成正比。越能够激发人们内心快乐的行为，道德层次越高，道德就越具有崇高性；快乐的强度越小，道德层次越低，道德崇高性就越弱。当快乐弱化到痛苦、无奈的情感后，道德就转化为恶行。

第三，道德最高层次取决于快乐范围和强度的有机统一。能够最大限度激发最大范围人们内心最大程度的快乐就是最高的道德行为。哈奇森在这里提出了后来被边沁的功利主义奉为至高原则的思想。他认为，最好的行为、最高的道德就是"最大多数人的最大快乐"，而最坏的行为、最大的恶行就是"最大多数人的最大痛苦"。

哈奇森把"功利"作为道德量化标准的同时，也把"快乐"作为道德量化的另一个标准，"利他"和"乐他"并驾齐驱。尽管他并没有明确区别两者的辩证关系，甚至不清楚两者之间是一种工具和目的、要素与整体之间的关系，但是，他在

"利他"之外确立"乐他"的道德标准，这不仅能够有效避免狭隘功利主义的片面性，而且为解决动机和效果论分歧提供了一个有益的启示。后来，边沁表达了和哈奇森同样的思想，修改了狭隘功利论思想，认为功利原理不像幸福和快乐等概念那样能够清楚表达快乐和痛苦，因此，他专门用"最大幸福或最大快乐原理"代替了"功利原理"，并且试图对快乐和痛苦进行准确的量化计算。

二、道德计算

16~18世纪，欧洲自然科学得到了巨大发展，数学方法成为一种广泛流行的研究方法。比如，牛顿在《自然哲学的数学原理》中提出的万有引力定律，用几条原理和公式就把天体运行、地球物体运动、潮汐涨落、光的折射、物质微观结构等各种表面上似乎毫无关系的东西在数学关系中统一起来，根据这几条原理和公式能够精确计算出任意物体的运动状态。这种神奇的结果使人们对牛顿、自然科学和数学非常崇拜。自然科学借助数学所取得的巨大成就，以及自然科学家对数学方法的推崇等对人文科学产生了不小的影响。相当一部分哲学家和伦理学家如笛卡儿、霍布斯等人都非常重视理性演绎和数学推理的方法。霍布斯甚至成为几何方法的热心信徒。他们中的许多人（比如笛卡儿、莱布尼茨等）本身就是数学家。洛克曾经明确断言伦理学完全可以像数学那样进行推理演绎。包括莎夫茨伯利和理性主义者沃拉斯顿（1660~1724）等人在内的许多思想家，都曾经设想和提出道德可以计算的思想。在这种气势恢宏的"数学时代"，哈奇森也尝试用数学分析、公式运算等方法进行人性研究。他把仁爱、自爱、能力和利益作为道德权衡的四个基本要素，以这四个要素之间的相互关系为前提，设计了六条道德计算原理。前五条原理各包含一个公式，而第六条原理包含了六个公式，这就是哈奇森独创的道德计算理论。

公式一： 道德总量＝仁爱×能力

$$(M = B \times A)$$

前面已经说明，哈奇森认为，衡量某个行为的道德属性主要是道德动机，同时包括道德效果——道德所创造的社会利益。道德总量取决于道德动机和实现动机能力的乘积，动机越强烈，道德总量越高，能力越强，道德总量越高。当能力相等时，公式一可以直接推导出公式三；当仁爱相等时，公式一可以直接推导出公式四；如果进行积项换算，还可以推导出公式五。

公式三： 道德总量＝仁爱×利益

$$(M = B \times I)$$

该公式表明，当人们的能力相等时，创造的社会利益相等，那么，公式一的"能力"（A）项被替换为公式三的"利益"（I）项，仁爱动机就成为道德总量的重要决定因素。仁爱动机越强，道德总量越高；仁爱动机越弱，道德总量越低。因此，道德动机直接决定了行为功效的道德总量。按照公式三推论，如果仁爱动机为零，则道德总量为零；如果仁爱动机为负数，所创造的社会利益就必然为负数：邪恶。因此，良好的行为效果并不能等同于高尚的道德行为。

公式四： 道德总量＝能力×利益

$$(M = A \times I)$$

公式四表明，当仁爱程度相等时，能力成为决定道德总量的决定性因素。能力越强，利益就越大，道德总量越高，能力越小，利益就越小，道德总量越低。

如果把公式一：道德总量＝仁爱×能力（M＝B×A）中的道德总量替换为利益，然后进行乘数和乘积互换，可以推导出道德行为的仁爱程度：

公式五：
$$仁爱 = \frac{利益}{能力}$$

$$(B = \frac{I}{A})$$

这就是哈奇森独创的"仁爱"的准确量化公式：仁爱和利益成正比，和能力成反比。哈奇森认为仁爱和自爱成反比关系。自爱越强烈，仁爱越微弱；自爱越微弱，仁爱越强烈。如果一个人的能力很强，轻而易举就能够完成某个道德行为，那么，这种举手之劳的仁爱程度不高；相反，如果一个人的能力很低，费尽九牛二虎之力才能够完成同样一个道德行为，这种道德行为中所包含的艰难、痛苦、忍耐等正是无私的、高尚品格的表现。因此，在利益相等的条件下，能力越高，仁爱越低，能力越低，仁爱越高。

这个公式还表明，仁爱和利益成正比。在能力相等的条件下，人们在同一个行为中创造的利益越大，仁爱就越强烈，利益越小，仁爱就越弱小。

比如，假设甲、乙两人所创造的利益相等，都是 10，但是甲、乙的能力不相等，分别为 2 和 5。那么，甲的仁爱程度为 $B = \frac{I}{A} = \frac{10}{2} = 5$；而乙的仁爱程度为 $B = \frac{I}{A} = \frac{10}{5} = 2$。很显然，能力越低，仁爱的值就越高。反过来，如果我们假设甲、乙的能力相等，都是 2，而他们创造的利益不同，分别为 10 和 20。那么，甲的仁爱程度为 $B = \frac{I}{A} = \frac{10}{2} = 5$；而乙的仁爱程度为 $B = \frac{I}{A} = $

$\frac{20}{2}=10$。很显然，谁创造的利益越高，仁爱值就越高。这实际上是哈奇森关于道德受体和道德主体量化分级思想的集中表述。

哈奇森也承认，"自爱"也是人们许多行为的另一个动机。他说，在大部分行为中，我们必须把自爱看作另一种力量。自爱有时候和仁爱相互促进，如影随形，有时候和仁爱相互冲突，相互耗损。因此，与仁爱量化公式相对应，哈奇森提出了对自爱进行量化的公式二。

公式二： 利益＝自爱×能力

$$(I = S \times A)$$

公式二表明，利益的大小与自爱程度及个人能力成正比。自爱程度相等的人，能力越高，获得的利益就越大，能力越低，获得的利益就越小；能力相等的人，自爱程度越高，获得的利益就越大，自爱程度越低，获得的利益就越小。

公式一和公式二实际上集中阐述了哈奇森的善恶两性论。除了对自爱和仁爱进行单独的量化外，哈奇森还研究了自爱和仁爱之间的相互影响关系，并试图对之进行量化，以进一步说明自爱和仁爱并行不悖的善恶两性论。

哈奇森认为，任何行为的后果都可能出现以下四种情况：损公肥私，损人利己；损私肥公，损己利人；公私双赢，利人利己；公私双亏，损人损己。道德行为的动机并非永远是纯而又纯的仁爱善良，恶行的动机也并非永远都是纯而又纯的邪恶。因此，前面所列的关于纯粹道德和纯粹邪恶的公式仅仅是理想化的"损公肥私"和"损私肥公"。更多的情况是公私双赢、公私双亏或者公私此消彼长。

当社会公共利益和个人利益并行不悖时，自爱和仁爱合二为一，自爱就成为仁爱的助推器，自爱和仁爱的情感互相促进，相得益彰，道德情操的动力变得非常强大，道德所创造的价值也就实现了翻番。于是，道德计算的第六个公式就是：

公式六：　道德总量＝（仁爱＋自爱）×能力

$$＝仁爱×能力＋自爱×能力$$

即：　　　　　$M＝（B＋S）×A$

$$＝BA＋SA$$

由此推导出以下两个公式：

公式七：　仁爱×能力＝道德总量－自爱×能力

$$＝道德总量－利益$$

即：　　　　　$BA＝M－SA＝M－I$

以及公式八：　仁爱＝$\dfrac{道德总量－利益}{能力}$

即：　　　　　$B＝\dfrac{M－I}{A}$

如果自爱和仁爱发生了矛盾冲突，道德行为面临的困难很大，给行为者带来的痛苦很大，造成的伤害也很大，那么，自爱和仁爱的情感力量就从**合力**转化为**耗力**——相互消耗、相互抵消。这时候，道德总量取决于自爱和仁爱的比值。如果自爱淹没仁爱（S>B），那么，道德总量就呈负值；如果仁爱淹没自爱（S<B），那么，道德总量就呈正值。道德的计算公式于是就变成：

公式九：　道德总量＝（仁爱－自爱）×能力

$$＝仁爱×能力－自爱×能力$$

即：　　　　　$M＝（B－S）×A$

$$＝BA－SA$$

由此推导出以下两个公式：

公式十：　　仁爱×能力＝道德总量+自爱×能力

$$= 道德总量 + 利益$$

即：　　　　　　　BA = M+SA

$$= M+I$$

公式十一：　　仁爱 $= \dfrac{道德总量 + 利益}{能力}$

即：　　　　　　　$B = \dfrac{M+I}{A}$

在公式六到公式十一中，道德总量始终和仁爱成正比。也就是说，仁爱道德动机始终是道德总量的核心组成部分。而自爱只有在公式六中才和道德总量成正比，但在公式九中却和道德总量成反比关系。也就是说，自爱只有和善良动机结合在一起，其所创造的利益才具有道德属性，否则，其创造的利益越大，其道德总量就越小。以自爱为动机的行为，即使其创造的社会价值等价于以仁爱为动机的行为，但它的"道德层次更低"。

值得注意的是，哈奇森对公式八和公式十一进行了对比研究。他指出，当个人利益和社会利益相一致时，人们在追求集体利益中同步实现了个人利益，道德总量因为自爱的加入而得到提高，而仁爱程度却因为自爱的加入而减少，所以仁爱程度应该把个人利益从道德总量中扣除。

即：　　　　仁爱 $= \dfrac{道德总量 - 利益}{能力}$

$$\left(B = \dfrac{M-I}{A} \right)$$

当个人利益和社会利益相冲突时，人们放弃了个人利益而追求社会利益，千难万险却矢志不移，这就更加凸显了道德的崇高性，这样，虽然社会价值因为个人利益的分裂而减少，但仁爱动机却因为自爱的剥离而得到加强，所以仁爱程度应该把受损的个人利益加入道德总量中。

即：
$$仁爱 = \frac{道德总量 + 利益}{能力}$$

$$\left(B = \frac{M+I}{A} \right)$$

也就是说，仁爱动机的高低和个人利益的大小成反比。利益越小，和自己关系越远，失去利益越大，仁爱动机的程度就越高，道德就越具有崇高性；反之，利益越大，和自己关系越密切，失去利益越小，仁爱动机的程度就越低，道德崇高性就越小。

哈奇森特别强调，只有当自爱和仁爱相互影响的时候，自爱所蕴含的利益和困难才会影响仁爱的层次，否则，它既不会使某个道德行为黯然失色，也不会使其披上光环。

通过公式五、八、十一，哈奇森概括了仁爱的三种计算方式：$\frac{道德}{能力}$ $\left(\frac{M}{A}\right)$、$\frac{道德+利益}{能力}$ $\left(\frac{M+I}{A}\right)$ 和 $\frac{道德-利益}{能力}$ $\left(\frac{M-I}{A}\right)$。当"能力＝道德"时，$\frac{道德}{能力}$ 比值为1，也就是人们不遗余力为他人谋利益时，仁爱指数等于1。这就是道德的"极善"。但是，哈奇森认为，没有人能够超越自己的能力而行为。而每个人能力有限，仁爱指数无法达到最大值，道德行为就无法实现"极善"的圣人境界。退一步说，即使仁爱指数能够达到最大值，也永远不会超过1。因此，哈奇森借用别人的一句话说："一个纯洁的人，如果不遗余力追求道德，那么，在道德上他也许就和上帝平等了。"

哈奇森的道德计算公式简要概括了他关于自爱、仁爱、能力、功利等道德要素之间的关系，进一步区别了自爱功利和仁爱功利之间的本质差别，把道德效果代入道德量化中，分析了自爱情感在道德仁爱中的双重功能，明确指出仁爱在道德领域的核心作用，高度概括了他的主要伦理思想。这种道德量化方法对西方伦理思想特别是功利主义产生的影响是深远的，而哈奇森在政治伦理中所努力诠释的功利思想则奠定了功利主义最核心的理论原则，他把自己的道德感思想运用到政治学研究领域中，把功利主义引入政治伦理，提出了政治伦理的功利标准，对后来西方政治伦理的发展产生了不小影响。

三、政治伦理的功利标准

如前所述，哈奇森是一个善恶两性论者，并不反对自爱。相反，他关于仁爱的思想经常交织着自爱人性的影响，有时候仁爱情感甚至被自爱人性所左右。他关于道德计算的公式一和公式二就是其善恶两性论的集中表现。他把善恶两性论思想运用到政治伦理研究中，为"道德政府"界定了明确的内涵：**尊重自爱人性，保护民众利益，最终实现最大多数人的最大快乐**。为了实现这个目标，哈奇森为政府行为设定了一些原则，提出了"至权、残权和外权"的三权理论，分析了政府权力有限和无限的辩证关系，并设定了义务伦理学一些最基本的原则。

政府权力的目的：保护国民利益，尊重自爱本能

哈奇森认为，自爱人性同时兼具积极和消极两个因素。保护自爱的积极因素，克服自爱的消极因素，让自爱的创造激情尽情迸发，最大限度创造社会财富，同时又让这种激情不伤害别人，这就是一个具有崇高道德的政府职责。和个人行为的道德定性原则一样，哈奇森认为，一个道德的政府必须把民众的利益和快乐作为自己行为的最高动机，如果不是为了民众的利益和快乐，而是为了个人的权力或者其他私欲，那么，这种政府就不是一个真正意义上的道德政府，最多只是一个"伪善"政府。在完成了对政府道德性质的界定以后，哈奇森进而为它设定了一些基本的道德行为准则。

现实利益高于未来利益。哈奇森认为，存在的痛苦比不存在的利益更让人感到难受。出于自爱本能，人们对利害的权衡标准是现实高于未来，近处高于远处。对一个身处水深火热之中的人而言，摆脱现实的折磨所产生的快乐将远远高于未来虚幻缥缈的利益。因此，摆脱现存的痛苦比追求遥远的利益更具有诱惑力。所以，政府解决现存的社会困难比空幻的未来许诺更能够得到国民的爱戴和支持。后来，罗尔斯在研究社会正义的时候提出，政府的目的就是解决现实的困难，而不是创造未来的幸福，这一思想在某种程度上显然和哈奇森的政治原则不谋而合。

较大利益高于较小利益。哈奇森认为，利害计较是自爱行为的主要特征，不计利害是仁爱行为的主要特征。因此，他反对把利害得失作为道德动机。但是，哈奇森并不否认道德和利害得失之间的相互影响。相反，他认为，道德行为所产生的功利大小是衡量道德行为层次高低的重要标准，功利价值决定道德价值。如果政府不能兼顾两个同时对社会有益的行为，必须选择让社会利益最大化的行为；如果不能同时制止两个损害社会利益的行为，必须制止让社会伤害最大化的行为。两德相权取其重。为最大多数人的利益而牺牲较小的利益，牺牲较少部分人的利益，这"不是道德罪恶"。因此，当两个不同尊严的人同时面临危险时，而我们又不能同时救两个人，那么，我们应当解救更有价值的人。

消除痛苦高于创造快乐。如果不能同时消除社会的痛苦和创造社会快乐，那么，消除痛苦将高于创造快乐。政府应该全力以赴解决民众的困难，消除民众的痛苦，通过消除痛苦来创造快乐，而不是避开痛苦空谈创造快乐。

不创造幸福高于制造灾难。如果行为本身会产生一定的恶果，而拒绝该行为只会影响社会受益，那么，政府应该不行为，而不能好心行为去做坏事。因为创造灾难比不创造幸福更邪恶，不创造幸福高于创造灾难，这时候的不行为恰好就是一种道德行为。

总之，哈奇森并不反对利益和道德的关系，相反，他始终把政治道德和国民利益联系在一起。为了实现这个目标，哈奇森进一步提出了独特的三权学说以及政府权力有限论。

三权学说

哈奇森的所谓三权就是至权（完全权利）、残权（不完全权利）和外权（外部权利）。三权学说目的在于如何使国民利益最大化，如何保证最大限度实现人的自爱本能。

所谓"至权"就是不可剥夺、不可让渡的权利，是实现"公共利益必不可缺"的条件，只有它才能够给人们带来利益。比如，生命权就是一种至权，如果大家共同违背了至权，像暴君那样随意剥夺他人的生命，肆意残杀同类，荼毒生灵，人类将陷入无法忍受的痛苦和灾难。在至权得不到保证的条件下，每个人都会因此而变成侵权人，每个人都会因此而受到侵权，每个人都会因此而陷入悲惨处境中，人与人之间的战争就不可避免，所有权利将消失殆尽。相反，如果大家共同遵守至权，那么，每个人都会直接或间接从中得到好处。因此，虽然人们通常并不认为暴力是一种政治道德，但是，如果政府以暴力形式实现威慑目的，让人们不敢亵渎至权，通过维护至权以保护整个社会的共同利益，那么，这种暴力政府也是一个道德政府。相反，在至权无法保障的条件下，如果政府不通过暴力形式维护至权，这种政府反而是一个真正邪恶的政府。因此，在国家建立之前，通过暴力维护和执行至权，无论如何不会比那些侵害至权而不遭受惩罚给公众所产生的伤害更严重，这就是自然状态下惩罚犯罪权利和发动正义战争权利的道德基础，也是哈奇森拥护英国资产阶级革命、反对王权专制的宣言。

为了维护至权，人们拥有实施惩罚的权利，但是，为了限制滥用该权利，哈奇森对惩罚权进行了限制。他认为，权利的本质就是利益，权利的目的也是利益。只有那些侵害别人利益的人才应该受到惩罚，只有那些利益受到侵害的人才能拥有惩罚权利，因此，惩罚权至少必须满足四个条件：属于被伤害人或者其同盟者；通过与双方都没有任何利害关系的第三方仲裁；仲裁得到受害人认可；委托国家行政人员实施。如果没有满足这四个条件，任何政府和个人都不能够拥有惩罚权利。而如果惩罚无辜的人，或者让犯罪逍遥法外，这更是政府失德的表现。

所谓"残权"就是叠加在至权之上的额外权利。当它遭到普遍侵害时，不一定给人带来痛苦。它以至权为基础，能够给人们带来额外的利益。比如，施舍和接受施舍都属于残权范畴，每个人都同样具有施舍和接受施舍的权利。残权能够有效改善和提高人与社会的共同利益，但却不一定能够彻底消除普遍不幸。对残权的侵害将导致额外利益的丧失，但并不一定让人们陷入悲惨处境。它可能让渴望得到施舍的人感到失望，让施舍者失去在善行中的最高快乐，但却不会让人们失去任何曾经拥有的利益。剥夺残权最多只是表示仁爱不够，不愿意帮助别人，削弱人们的快乐，还称不上恶行，有时候甚至是一种充满智慧和勇气的善行；而剥夺至权则是一种不惜把自己的利益建立在别人痛苦之上的损人利己的恶行，是一种给人们制造痛苦的恶行，它不仅仅是表示仁爱不够，而是一种十足的恶行。

哈奇森认为，残权虽然能够给人们带来一定的利益和快乐，但是也将给人们带来更大的祸害和痛苦。残权容易使人生活在对施舍、国家福利的期待上，过分依赖不劳而获的恩赐和帮助，腐蚀人的进取之心，腐蚀社会活力，造成高福利高寄生的消极后果。因此，如果不阻止残权，那么，其所产生的祸害将远远胜于其所带来的利益。为了克服残权的消极因素，哈奇森提出了第三种权利：外权。

"外权"就是剥夺残权的权利（比如取消福利制度、保护债权人追讨债务的权利等）。外权虽然给人带来一定的祸害和痛苦，但从长远看，它给人们带来的利益和快乐将胜过目前的祸害和灾难。如果侵犯这种权利（比如勤勉的穷商人拒绝偿还有钱吝啬鬼的债务），那么，其所产生的祸害和痛苦将远远胜于目前状况，其给社会和他人产生的灾难将远远胜于债务人自己的灾难。因此，鼓励人们拥有这种制造痛苦的权利（即便有时候必须借助暴力形式）是必要的。没有任何权利可以运用武力来反对外权，因为允许通过武力来维护外权有利于普遍利益。因此，一个富有的吝啬鬼随时可以向一个勤勉的商人要回他的贷款，一个财产继承人可以拒绝履行在未成年时签订的债务合同。

哈奇森主张用"外权"遏制"残权"的思想在一定程度上表明他已经注意到国家福利的弊端。他认为这种不健全的权利让人们渴望施舍，鼓惑人们通过施舍娇惯好逸恶劳的恶习。用强制暴力手段侵害这种不健全的权利，只不过损害了施舍者行善的乐趣，剥夺了接受施舍者不劳而获的寄生生活。而助长这种不健全的权利，则将给人们带来更大的坏处，所以，用暴力执行残权通常将比侵害残权带来更严重的恶果。在这个前提下，哈奇森认为恶行可以转化为善行，因而主张以恶制恶，以毒攻毒，最终实现最大多数人的最大利益。

从"三权学说"出发，哈奇森为守财奴进行了辩护。他说，守财奴储存了大量无用的财产，这既给社会造成了浪费，也给守财奴带来了很大的负担。尽管如此，对守财奴财产权的保护还是神圣不可侵犯的。如果允许人们在未经过同意的条件下，通过暴力抢夺他人的财产，这将会阻碍工业发展，消除慷慨、荣誉、慈善等良好品德的快乐。因此，保护这种吝啬、奢侈甚至浪费就是实施外权来剥夺残权，从而以少部分人的痛苦换取整个社会的幸福安宁。

可让渡权与不可让渡权的辩证关系

此外，哈奇森还把个人权利划分为可让渡权利与不可让渡权利两部分。他规定了两条让渡标准：第一，人们只能够让渡自己能够让渡的权利；第二，一切权利让渡都是为了实现特定的利益。

根据第一条原则，哈奇森认为，个人判断、内心的情感和友爱等是不能让渡的，因为我们不能控制我们自己是否该思考，也无法阻止或支配别人去从事他们所高兴的事情。也就是说，情感、理性等是人们与生俱来的东西，人们没有能力随意控制它们，更无法像脱衣服一样把它们从自己身上剥离出去，因此，这些与生俱来的东西无法让渡。

根据第二条即价值原则，哈奇森认为，任何让渡都必须为了更大的利益，如果没有产生更大利益，或者甚至损害了既有的利益，这种让渡是不被允许的。因此，哈奇森认为，上帝信仰、生命和肢体器官等均不可让渡，因为这些让渡不能产生任何利益，反而把利益从让渡者身上剥夺走了，这种损人害己的让渡没有任何价值，没有任何意义。对政府而言，如果接受了民众让渡的权利却不能给他们带来更大的利益，甚至损坏他们的利益，这样的政府是不道德、不合法甚至是邪恶的。

贯穿于哈奇森全部政治伦理思想的一条恢宏原则是仁爱：一切为了别人的利益，一切从别人的利益出发。因此，他既反对政府鼓惑人们作无谓的自我牺牲，也反对个人为了更大利益而不愿自我牺牲；既反对孟德威尔等人的唯功利主义，也反对非功利主义。对个人来说，在更大的利益面前，生命的权利甚至是可以让渡的。因此，他极力颂扬战士们为正义战争而把生命权利让渡给"将军或者战争委员会"的崇高行为。也就是说，从个人伦理角度说，至权可以让渡，但从政治伦理角度说，至权不可剥夺。任何人都无权剥夺我们的信仰、生命和残害我们的身体。至权问题实际上是基本人权问题。哈奇森认为，如果侵害基本人权，就给人们带来无穷灾难的恶行，因此，他主张保障基本的人权和基本利益。

很显然，哈奇森的三权学说和孟德斯鸠等人的立法、司法、行政的三权学说是不同的。孟德斯鸠讨论的是权力，而哈奇森讨论的是权利；孟德斯鸠立足点在政府，哈奇森立足点在政府和个人；孟德斯鸠目的是限制（政府的）自爱，哈奇森目的是保护（个人的）自爱。哈奇森认为，只有建立在国民"二权"基础上的政府行为才是道德的，政府才能成为一个权力有限的政府。于是，哈奇森进一步提出了政府权力有限和无限的辩证关系。

政府权力有限和无限的辩证关系

和霍布斯等人一样，哈奇森也认为政府的权力来源于个人权利的让渡而不是君权神授。政府是人们为了实现自己利益最大化而让渡自己部分权利后形成的强力机器，它是一个公共政府，而不是一个阶级政府。它代表所有国民的利益统治国民，公正裁决人们之间的分歧和矛盾，帮助人们通过最佳手段实现社会公共利益的最大化，用强制力量保护人们的利益，推行国家法律政策，使人们免于相互之间的伤害，震慑敌国，免于敌国的伤害。

哈奇森认为，人们把自己的权利让渡给政府的前提条件就是保护自己的利益和存在，而政府运用权力的前提也就是实现人们这个目的。如果违背了这个前提，政府就是一个不道德的政府，甚至是一个不合法的政府。不难看出，哈奇森关于政府及其权力的思想实际上在某种程度上还是受霍布斯契约论影响的结果。

但是，与霍布斯的"利维坦"不同，哈奇森认为政府的权力不是无限的。所有的权力，或者说权威，必须包含在人们让渡给某个个人或者委员会的权力中，以便处置其他人让渡的权利，这样的结果就是，没有任何政府能够拥有至高无上的权力，以至于可以运用外权去实施或者支配一切。政府权力有限论主要表现在以下三个方面：

第一，政府无权剥夺人们的至权。如果至权受到了侵害，人们可以利用至权和外权进行反抗，以维护自己的权利。在这种情况下，哈奇森认为利益权衡是政治伦理的最高标准。如果人们通过暴力维护自己的不可让渡权利所造成的危害远远小于放弃权利所造成的危害，那么，从道德角度上说，人们不可以也不应当放弃自己的权利。也就是说，对政府而言，个人的至权是不可侵犯的，无论出于任何动机，侵犯至权就是最大的邪恶。不可让渡的权利是所有政府的底线。

但是，对个人而言，为了公共利益而主动放弃自己的部分权利是崇高的。当一个优秀的政府偶尔犯微不足道的错误时，在一定程度上损坏了自己的利益，而推翻政府所造成对社会的灾难将远远超出政府所犯小错误带来的伤害，那么，人们对政府的错误和瑕疵的反抗就是道德上的邪恶和法律上的犯罪。也就是说，如果人们通过暴力维护自己的不可让渡权利所造成的危害胜于放弃自己的权利，那么，从道德角度上说，人们可以而且应当放弃自己的权利。

这一方面用个人的至权约束了政府滥用职权，另一方面又通过对让渡个人至权的道德推崇而保护政府的权威，非常巧妙地把维护个人权利和维护统治地位统一起来，从而走向一条暴力革命和社会改良道路并行不悖的社会发展模式。

第二，民权高于政权。由于权力来源于国民的权利让渡，政权只是民权的载体，因此，如果没有国民的普遍同意，不管出于什么样的理由，君主或者议会都无权剥夺政府及其统治者的权力，无权剥夺人们通过选举产生的君主或议会的权力。也就是说，政权不能剥夺政权。如果没有国民的普遍同意，一切推翻政权、改变现有政治形式的行为都是不道德的"恶"行。

不论是君主还是议会，或者君主和议会一起，都无权改变政府的现有形式。很显然，这和霍布斯关于"利维坦"拥有包括解散议会在内的至高无上权力的政治伦理观点差别很大。

第三，权力必须以利益为目标。哈奇森的伦理道德最终目的是社会功利，政治伦理的最高准则也是社会功利。从"最大多数人最大利益"原则出发，哈奇森认为，利害是衡量一切权力是否符合道德的最高标准。权力无论什么时候出现在我们眼前，人们做任何事情、提任何要求或者拥有任何东西的能力，都毫无例外满足这个条件——都是全心全意致力于全体利益，那么，任何人在这种前提下都有权力做该事情、有权力提该要求或者有权力拥有该东西。权力的大小取决于他致力于全体利益动机的强弱。

一个道德的政府必须保护人的自爱本能，包括保护人们对未来的忧患意识，保护人们给家人和朋友的服务，保护人们对自己未来谋划的权利，保护人们向亲人、孩子、家人馈赠的权利，保护人们追求荣誉的本能，保护人们关爱他人的道德情操等，而其中最直接、有效的手段就是保护私有财产。财产权就是自爱最集中的表现，是现代工业前进最强大的动力，也是维护工业繁荣最重要的手段。没有财产权就根本不能奢望任何工业，根本不能奢望除了大自然馈赠之外的任何东西。如果剥夺人们合法的劳动成果，剥夺了财产权，就将剥夺从自爱中产生的推动工业前进的一切动力。

很显然，哈奇森的思想和现代伦理学中的规范伦理主义是大相径庭的，在某种程度上具有义务伦理主义的性质。

在哈奇森看来，公共利益最大化就是最高的政治道德原则，其他的任何权力都只是实现这条原则的工具，因而可以随时改变。没有任何权力或者权力限制能够与最大公共利益相矛盾或冲突。凡是致力于公众利益的人，不管他采取任何行为、不管他拥有任何东西，他都是对的，他都有权力这样做。权力的大小和他致力于社会公益动机的强弱成正比。只要满足道德动机，任何行为都只是实现道德的手段。**道德是永恒的，规范却随时可以改变**。如果推翻政府符合公共利益最大化原则，那就推翻政府；如果保护政府符合公共利益最大化原则，那就保护政府；如果犯罪符合公共利益最大化原则，那就犯罪；如果守法符合公共利益最大化原则，那就守法。因此，暴力非暴力、守法和违法、慷慨和吝啬、自私和无私等都完全可以转化为通常人们所理解的对立面：从道德变缺德，或者从缺德变道德。也就是说，暴力和非暴力、守法和违法、慷慨和吝啬、自私和无私等都仅仅是实现善恶的工具，而不是善恶本身。

在特定条件下，政府运用暴力虽然会给一些人造成一定程度的伤害，但却是创造和维护社会利益的必要手段。而放弃暴力的政府虽然表现出一副菩萨心肠，但是，这种仁爱菩萨心肠产生的灾难将可能远远超过暴力所导致的灾难。因此，哈奇森认为，强烈反对武力强制权力而造成的危害将会远远超过运用武力强制权力而造成的非人道侵害。从这点来看，哈奇森的思想和中国古代的"慈不带兵，义不掌财"有异曲同工之妙。

总之，哈奇森认为，只要是为了民众的利益，任何权力都是合法的，这就是政府**权力无限论**。但是一切权力都必须从民众利益出发，都必须以民众利益为目的，任何违背这一前提的权力都是非法的，这就是政府**权力有限论**。

这里面存在一个问题，即任何政府都具有认识上的局限性，都不可能完全能够掌控自己行为的最后结果。虽然有时候行为的结果实现了利益最大化，但这毕竟是少数。在大多数情况下，行为的实际结果和理想结果大相径庭。这就涉及了能力和道德的关系。哈奇森在道德计算的公式中提出，当自爱和仁爱相互促进时，道德强度和人的能力成正比，当自爱和仁爱相互冲撞时，道德强度和人的能力成反比。为了保证行为的功利最大化，哈奇森提出权力运行必须以卓越能力为基础，权力决策必须科学有效，必须以国家利益为出发点，运用被授予的权力必须建立在对国家利益最好的判断之上。

通过三权学说和政府权力有限论，哈奇森较好地处理了自爱所包含的消极和积极因素之间的矛盾，并在独裁和共和之间找到了一条出路，那就是后来的君主立宪。一切权力的本质都是民权：人民让渡的权利。而任何权利的让渡都是人们实现自爱的手段，都必须为了具体的功利性目的，都是为了最终实现人的快乐。因此，权力的本质就是人的快乐，并为人的快乐服务。承认人的自爱并致力于满足人的自爱，仁爱为自爱服务，这就是哈奇森在政治伦理中进一步表述出来的善恶两性论及其相互关系。

四、哈奇森与功利主义的主要区别

如前所述，哈奇森对道德的定性标准是：以道德感为动机，没有任何对个人利害得失的权衡、算计。一句话，道德定性与道德行为者个人的功利得失水火不容，纯粹的道德行为就是纯粹的非功利性行为。只要存在任何一丝功利目的，该行为就不是道德行为，而是自爱行为。但是，哈奇森伦理思想中又确实有丰富而且深刻的功利思想，他对道德进行量化分级的标准之一就是功利大小：功利效果越大，道德层次越高，功利效果越小，道德层次越低。而且，哈奇森先于功利主义提出"最大多数人最大快乐"的思想，把民众的利益看作最高的政治道德，凡是为了民众利益的一切行为都符合政治道德原则，如果能够给民众带来最大的利益，不管采取什么手段都是道德的。和哈奇森一样，有的功利主义者从"最大多数人最大快乐"原则出发，认为一个政府如果不能满足最大多数人的最大利益，不能保护人们的安全，人们就有权利改革、改变或者推翻它。这是否意味着哈奇森背离了对道德定性的非功利性原则而倒向功利主义呢？

答案是否定的。因为哈奇森的道德定量分析只是限定在道德定性的前提下，也就是说，只有成功定性后的道德行为才有资格接受道德定量分析，只有非功利性的道德行为才能用功利对其进行道德层次量化。以功利为动机的行为是自爱行为，不是道德行为，因此，自爱行为的功利效果再好，也不能对其进行道德定量分析。一头奶牛的产奶量再高，也丝毫不具有道德意义。只有那些丝毫不考虑自己利害得失、一心一意为了别人谋取最大利益的行为才是道德行为，才能对其进行道德定量分析。其道德行为的功利效果越好，道德层次就越高。因此，哈奇森把功利效果纳入道德定量分析，不仅不违背他关于道德定性的非功利性原则，而且成功把功利和道德有机结合起来，为摆脱动机论和效果论的冲突作出了很有启发性的探索。正是由于这个原因，我们把哈奇森的功利思想称为**道德主义的功利学说**，以区别于**功利主义的道德学说**。

哈奇森伦理思想和功利主义伦理思想在人性界定、道德界定、道德动机以及道德手段等方面都存在显著的差别。

首先，不同的人性基础。哈奇森的道德体系以人性善良为前提，从道德感演绎出主要的道德原则。而功利主义道德体系以"趋乐避苦"的人性自爱本能为前提，把满足自爱人性的功利效果作为道德的标准。对此边沁曾经明确说过，自然把人类置于两位公主——快乐和痛苦——的主宰之下；一个人在口头上可以声称决不再受其支配，但实际上他照旧每时每刻对其俯首称臣。对人性定义的差别是哈奇森道德感体系和功利主义伦理体系的最大差别。

第二，不同的道德定性原则。功利主义大都把功利作为道德的最终目的，功利是衡量道德的最高标准。他们认为，动机是无法被人看见的，只有行为及其效果才能被人看见。因此，只要能够产生实际利益的行为就是道德行为。与此相反，哈奇森对道德行为定性的唯一标准就是道德动机，道德性质和利益大小无关。对道德行为的量化理论必须建立在道德定性的基础上。只要出于利他动机，利益再小，也只能够改变道德的层次，却永远不会改变其内在的道德性质。也就是说，哈奇森的功利思想建立在道德定性基础上，是一种道德主义的功利学说，与功利主义的道德学说是完全不同的两个体系。是否把功利作为道德定性的标准是哈奇森与功利主义道德论者的另一个主要区别。

比如，哈奇森认为，从一个良好的动机出发的权力行为，由于外在强制性力量或任何不可预见的事故，产生了令人失望的结果，虽然结果优劣程度不同，但却不会改变其内在的道德崇高感。哈奇森曾经指出，在道德总量相等的前提下，利益大小和能力成正比，当利益减少的时候，能力随之一起下降。人受到自己能力的限制，不可能准确预见自己行为的后果，他只能够对自己的动机负责，无法对自己行为的结果负责。最后结果是：道德总量维持不变。在利益等量的前提下，能力和道德总量成反比，能力下降，道德总量上升，利益总量因此能够保持平衡。因此，行为本身的善恶不能通过事件而定性。

在政治伦理领域中，哈奇森强调动机至上的政治道德定性原则。他认为，任何以自爱为动机的政治行为都不配称为政治道德行为，任何从个人利益出发的政府都不是一个崇高的政府。一个有道德的政府应该是一个勇于牺牲自己、丝毫不考虑自己利益的政府。同时，在衡量政治道德的层次时，他把国民利益作为政治道德基石，把为国民利益而牺牲自己利益作为最高政治道德标准。很显然，他在**政治道德定性上奉行非功利主义原则，在政治道德定量上奉行功利主义原则**，他对政治道德的定性与他对个人道德行为的定性是一致的。因此，哈奇森的道德主义的政治伦理不同于功利主义的政治伦理思想，他的政治伦理可以说是一种非功利主义的功利主义，是一种非功利算计的最大功利算计。而功利主义却不同，他们强调效果至上的政治道德原则，把自爱作为一切伦理道德的基础，很多功利主义者甚至理直气壮地把个人利益涵盖在政治道德标准中。因此，哈奇森的政治伦理和功利主义政治伦理有本质的区别。

第三，不同的行为目标。在相当部分功利主义者看来，"利他"只是功利主义实现"利己"目的的一个手段，他们经常理直气壮地强调"人人为我，我为人人"。对他们而言，如果没有达到"利己"目标，即使实现了"利他"目的，也不算一个成功、圆满的行为。哈奇森则不同，对他来说，"利他"动机是道德行为的最高标准，只要出于"利他"愿望，不管结果是否"利己"都是一个完整、圆满的道德行为。而对相当一部分功利主义而言，道德不是目的而是一种工具；对哈奇森而言，道德不是工具，道德就是自己的目的。为了实现利他目的，他甚至认为，一些在普通人看来是"恶"的行为恰好是一种深刻的"善"。道德行为不会因为给对方造成了伤害而变质，当然也不会因为给自己带来了利益而变质。只要出于善良动机，任何行为都是道德行为，任何手段都是道德的。

比如，为了更好地服务上帝，更好地给人类做好事，一个人即使不断谋取自己的利益，他的行为也是道德的。这种表面利己的行为不仅纯洁，而且值得尊敬，因为这些自爱行为的动机正是崇高的道德感。也就是说，如果自己已经变成了公共利益的工具，或者说公共利益的源泉，自己的利益是公共利益的必要前提，自己利益受损必然导致公共利益受损，那么，为自己谋取利益就是道德的，而且**只有为自己谋取利益才是道德**的，不为自己谋取利益甚至损害自己的利益反而是邪恶的。为别人而为自己，这种忍辱负重、不惜背上自私邪恶骂名的行为正是真正无私的道德行为的表现。

总之，哈奇森的效果论和一些功利主义者的效果论在道德人性基础、道德行为定性、道德行为目标等方面都有很大差别。麦金太尔虽然肯定了哈奇森深刻丰富的功利主义思想，把哈奇森称为"功利主义之父"，但他却把哈奇森混同于功利主义者，实际上就误解了哈奇森和功利主义者最本质的区别，忽略了哈奇森对霍布斯、孟德威尔等自爱人性论者的功利主义思想的批判。倒是《英国剑桥哲学辞典》对哈奇森道德理论的评价和定性很客观，说"哈奇森认为发自慈善的动机使得这一行为是道德上善的行为"，并据此把哈奇森的理论称为"动机功利主义"（motive Utilitarianism）。

第 6 章

美学思想

　　哈奇森审美思想的认识论基础是两种感觉论。哈奇森提出内、外感觉论，目的之一就是为反对自爱论的道德起源学说找到一个坚实的认识论基础，在自爱人性之外确立仁爱人性的客观性，驳斥自爱论者否定仁爱天性的错误。哈奇森认为，"美"就是"差异中的一致性"，人们凭借"美感"而感知美和享受美。美感和道德感都是内感觉的表现形式，是人们内心存在的对普遍性对象的认识尺度，具有先天性、客观性、普遍性、非自爱性等特征；美感与道德感都和自爱人性无关，人们不会因为任何利害得失而产生或者丧失内心的美感；审美情感和道德情操都不同于自爱情感，利害得失可能影响审美情感的变化，但任何利害得失都不能从根本上决定审美情感的生灭。这样，哈奇森通过道德感和美感、道德情操和审美情感的层层推进，深刻机智地驳斥了性恶论的片面性。

审美的主体性原则：美感

　　本文在第 2 章关于内感觉的论述中已经提到，哈奇森把人类接收普遍、抽象观念的能力叫作内感觉，以区别于接受具体观念的五官感觉（外感觉）。外感觉受到感觉器官的限制，人们通过外感觉只能够感知直观的物体，超出直观范围的对象则无法感知。但内感觉却可以突破这种感官限制，开阔人们的视野，拓展人们的知识领域，丰富人们的想象，让人们认识事物内部的结构、秩序、运动等，感知其内在的美丑、善恶等抽象观念。

哈奇森认为，内感觉是人们感觉美、享受美的基础。如果没有内感觉，人们就无法感知美，也无法体会美的快乐。对美的感觉能力就是"美感"。

美感是一种内在的审美尺度。人们通过这个尺度衡量对象是否和内心天生的审美标准相符合。如果两者相符合，人们就会感觉到对象内在的和谐结构，从而产生美的观念，并激发内心的审美快乐。如果两者不符合，就会破坏内心业已存在的和谐，从而产生丑的观念，并激发内心的审美痛苦。美感的存在使人们对内产生美丑等抽象观念，对外感知对象的美丑，并激发人们的审美情感。

美感是一种先天本能。哈奇森认为"知"和"觉"、理性和感觉是不同的两回事，理性是一种后天的学习能力，感觉是一种不需要任何后天学习就天生具备的本能。即使不"知"道什么是美，从来不考虑什么是美的基础，不需要知道美感产生的原因，也同样可以感"觉"到美，享受到美的快乐，正如即使不"知"道酸甜苦味的微小分子结构，不"知"道这些分子运动刺激了人的味觉，但也同样可以感"觉"到酸甜苦味一样。只要存在"差别中的一致性"，人们就可以通过美感感"觉"到它的存在，并从中获得审美快乐。

哈奇森认为，美丑产生于先天审美观念和后天"差异中的一致性"观念之间的对比。任何事物的存在形式都和自己的实际存在相一致，从来没有形式和实体脱节的现象，当我们感觉到一个对象很丑陋，并不是因为对象和他自己的形式——差异中的一致性——相脱节，而是因为我们内心存在对该事物的更好形式——更漂亮的观念。因此，美感是一种观念对比基础上的感觉，如果内心没有更好更美的观念，那么，丑就不能自我表现为丑，如果内心存在了更美好的观念，那么，即使是最美丽的对象也会显得不美丽，"丑"就是相对这种更完美观念的"缺失"。因此，哈奇森认为，人们内心本来没有丑的观念和情感，只有美的观念和情感。"丑"生于"美"，而不是"美"生于"丑"；"苦"生于"乐"，而不是"乐"生于"苦"。美是天生的，美的快乐是天生的；丑是后天对比结果，丑的痛苦是后天对比结果。如果内心没有对美的期待，就不会产生理想目标和现实目标的对比，也就不会产生美丑观念和美丑情感。一个乐器调音师在调试乐器的时候，虽然声音很难听，但他却不会因此而厌烦和难受。但是，如果内心预先存在对美的期待，那么，即使是一丁点不和谐的音符，也会在表演者心中产生强烈的不和谐刺激。

作为内感觉的存在形式之一，哈奇森认为，一方面，美感和道德感一样是天生的，具有先天存在的特征；另一方面，后天的教育在一定程度上影响人们的审美尺度。也就是说，每个人天生具有感知美的审美能力，但这种能力的大小在一定程度上受到后天教育、习惯的影响。比如，一曲本来很平淡无奇的音乐，对一个从来没听过更好音乐的人而言可能显得美妙动听。但对一个高明的音乐表演者而言，即使是一曲很美妙的音乐，只要在演奏过程中出现了任何不易觉察的瑕疵，也会让他感到无比的沮丧和痛苦。

和道德情操起源于道德感一样，审美情感也起源于美感。

无论是道德情操还是审美情感都属于内感觉情感，都具有非自爱特征。审美快乐和自爱快乐是两类不同性质的情感。人们不是为了获取快乐而追求美，而是因为美而追求美，美不是人们实现审美快乐的工具，审美快乐只是美的必然产物。人们也不是为了追求利益而获得审美快乐，审美快乐本身和利益得失毫无关系。

更重要的是，美感就是一种能够使审美对象本身显示出审美价值的内在工具，它不关心利益算计，先于利益算计。但是，如果缺少了它，对象也就不会被人们感觉到美的价值所在，也不会在内心激发审美本身所拥有的快乐。

因此，内在的美感不同于美欲，美欲是在外在对象所蕴含的价值诱惑下而产生的，是一种被迫的行为，它可能会因为价值大小而消长，而美感却不会由于任何价值大小而变化。虽然良药苦口，酒肉散香，但病人不得不吞食苦药、远离酒肉却是为了活命，而不是说利害关系能够让他们把苦药误认为美味佳肴，而把美味佳肴误认为苦涩难耐。相反，无论多大的利害关系都不会改变肉香药苦的本来面目。面对死亡，人们或许忽略了酒肉的香味和药物的苦味，但这并不意味着人们丧失了味觉。同样，人们好逸恶劳，天生自爱，但这并不证明人们丧失了美感，而仅仅说明对美的追求被其他更强烈的欲望所淹没。美感和道德感一样，是一种永恒的客观存在，不会因为任何情况而彻底丧失。因此，哈奇森形象地比喻说，虽然金子比银子重，但这并不证明银子"丧失了重量"。

显然，和道德感一样，哈奇森关于内心美感决定审美观念、审美对象和审美情感等思想，实际上表明普遍知识依赖于内心普遍感觉，内心的普遍性是感知普遍对象的前提和条件，这无疑就是审美领域的主体性原则。哈奇森这些思想对后来的休谟、康德以及美学主义都产生了一定的影响。

审美的客体性原则：普遍性

哈奇森不仅从主体的角度研究了美的前提，而且从客体的角度研究了美的普遍性特征，把美的客观性和审美的主观性联系在一起。在他看来，美同时兼具主观性和客观性的两重属性，内涵了主体性原则和客体性原则的有机统一。

一方面，哈奇森认为美是心灵的一种感觉能力，属于内感觉之一，受制于内心存在的先天客观标准。它依赖于人的内心，不依赖于外在世界。对审美来说，**最客观的存在就是内心的存在**。如果内心缺少了这种客观性，没有内在的美的观念，没有天生的美感，既使对象存在最大的普遍性，人们也永远无法感觉到这种普遍性所蕴含的美。比如，哈奇森认为，虽然和谐能让人产生不同程度的审美快乐，但是，和谐等观念并不是"美"本身，而只是激发"美"的导火索。正如美食并不是食欲，但却能够激发食欲一样。也就是说，对客观普遍性的感觉能力就是主观普遍性，没有主观普遍性就感觉不到客观普遍性。对于人而言，感觉不到客观普遍性就等于没有客观普遍性。因此，没有主观美就没有客观美，就没有客观的美丑善恶，外在的对象世界也就不存在美丑善恶了。这是哈奇森内感觉认识论的必然结论，在一定意义上也正是审美领域主体性原则的表述。

另一方面，哈奇森认为，如果仅仅有内心存在的先天美感，没有美的对象，人们就永远不可能产生美的观念。正如如果只有子宫，没有交配，就永远没有生育的机会一样。那么，究竟什么是美的对象呢？

哈奇森认为，美是差异的普遍性，也就是差异中的一致性（Uniformity amidst Variety）。他认为，在世界每一个我们称为漂亮的地方，都有一种存在于无穷无尽差异中的普遍一致性。普遍一致性越高，美感就越强烈；差异性越大，就显得越没有美感。但是，从另一个角度看，越是差异大的对象，如果呈现的普遍一致性越高，就显得越美。正是在这个意义上哈奇森说，美感强度不仅和一致性程度成正比，也和差异程度成正比。同等的差异，普遍一致性越高就越美；同等的普遍一致性，差异性越大就越美。也就是说，差异从反面衬托了普遍一致性，普遍一致性的覆盖面越广，美感就越强烈。

哈奇森用建筑领域举例说明普遍一致性和美的关系。在他看来，中国和波斯的建筑物虽然在结构上不同，但是，它们之间仍然具有一种普遍的一致性，即使我们**说**不出这种一致性，却仍然能够**感觉**到这种一致性。其他国家的建筑虽然和罗马希腊不同，但是，在建筑的比例、布局等核心的理念上确实是一致的，如果没有这种普遍性的结构美，那么，整个建筑的美就会大打折扣。

在理论研究领域中，哈奇森认为理论美就是一种展现出来的普遍真理，也就是千差万别的客观对象所显现出来的最大一致性。理论本身所包含的普遍一致性远远超出感官所能够感觉到的范围，一条普遍理论可以贯穿在无数个千差万别的个体中。因此，在普遍理论中我们会看到一致性中令人惊讶的个体差异，并从中产生一种和利害算计无关的巨大快乐。这种美不会给人们暗示任何丁点儿所期待的利益，也不会在单纯的感官面前表现出如此让人惊叹的差异一致性，而只能够存在于内心对一致性的把握。如果对理论内涵一无所知，人们就根本感觉不到其中内涵的一致性，也就感觉不到理论美，享受不到理论美。

和谐是差异中的一致性的表现形式之一，和谐也就是美。哈奇森认为，动物、植物、建筑、水果等所有一切客观存在对象内部和对象之间都具有内在的和谐统一。各种天体轨道、速度、质量等都以数字的形式呈现一种令人惊奇的和谐比例关系。连最简单的陶瓷工艺品也有一种内在的和谐。和谐的本质也就是差异之间的普遍一致性。天体之间的和谐就是天体之间的一致性，各个天体在一致性的关系中发生联系，从而呈现出和谐的比例关系；不同的陶瓷工艺品之间的和谐也就是一种相似性，一种通过相似性而呈现出来的和谐性。这种相似性或者一致性就是哈奇森所说的"差异的一致性"，是激发人们内心美感的客观基础。如果缺乏那种无可名状的内在和谐、差异中的统一性，就会破坏人们对这些物体所产生的美感。因此，哈奇森断言，和谐即美，和谐是审美快乐的根源之一。

哈奇森把美区别为两种：绝对美（Absolute Beauty）和相对美（Relative Beauty）。对象不需要通过其他任何参照物就能够表现出来的美就是绝对美；人们不需要比较任何其他外物、不需要任何其他的摹本就能够直接感知到绝对美。相反，人们不能直接从对象中，而必须经过其他间接对象才能够获得的美就是相对美，是人们通过"类似于或者仿造于其他某种东西"才获得的间接属性或者相对属性。相对美不是原创美，而是原创美的摹本。相对美的对象自身不具备美的属性，而必须借助第三者的摹本才能够显出美。相对美也可以说是绝对美的一种"复制"，它最基本的要素就是必须和被模仿的对象严格一致。也就是说，相对美是"赝品"，绝对美是"真品"，在"真品"和"赝品"之间必须足以乱真的"相似性"，才是相对美。他把诗歌、绘画等人工制品称为相对美，因为这些东西成功模仿了（或者说揭示了）某种真正的"绝对美"。

在完成了对美及其观念的分析后，哈奇森还对审美情感进行了深入的研究。哈奇森认为，由于美感和道德感一样同属于内感觉，因此，审美情感也和道德情操一样属于内感觉情感，具有非自爱性、非功利性等特征，和功利、荣誉等没有必然联系。只有千差万别的对象中所共同具有的普遍一致性、和谐才能激发审美情感。审美快乐只能从差异一致性的对象中产生。因此，哈奇森说，各种天体之间通过数字所体现的和谐比例，让天文学家们能够在枯燥的数字计算中如痴如醉，享受到常人无法理解也无法享受的快乐。

哈奇森认为，人的审美情感的强弱受到两个因素影响：一致性的大小和稀奇感的强弱。

首先，普遍一致性程度越高，美感越强烈，审美快乐越强烈；普遍一致性程度越低，美感越微弱，审美快乐越微弱。比如，当人们沉思"整体大于部分"这个简单的原理时，我们找不到任何美，因为这条公理仅仅涉及整体和部分两个很普通的概念。而且这种概念模棱两可，内涵贫乏，没有精确的界定，故无法提供很强烈的美感和审美快乐。

其次，越是稀奇古怪的一致性越能够刺激人的快乐。人们习以为常的一致性不会让人产生快乐，比如，"等腰直角三角形中线平分底边"虽然具有很广泛的一致性，但是，这仅仅是一个常识，一般的人凭直觉都知道这个基本原理，因此，这种不以为奇的一致性不会产生审美快乐；而"等边三角形三条边相等"属于同语反复，其笼统、抽象的原理是人们内心本来就有的东西，没有任何稀奇感、新鲜感，不足以产生美，无法刺激审美情感，因而也不足以产生任何审美快乐。但是，如果是一个新学数学的学生第一次接触这条原理，虽然这种一致性并

130

没有给他带来任何物质利益和精神荣誉，但内心的稀奇感仍然会使他从这条原理的一致性中得到不同程度的审美快乐。

总之，哈奇森深刻地指出美就是"差异中的一致性"，理论美的基础也是无穷对象中的普遍一致性，这种贯穿于千变万化中的普遍一致性给人们带来巨大的审美快乐。"美感"是人们感知这种外在"差异中的一致性"的前提，这实际上已经在审美领域触及了认识的主体基础，也就是认识的主体性原则。同时，他把内感觉的认识论思想贯穿于审美情感的研究中，揭示了审美观念和审美情感之间的密切联系，把道德情操的非自爱特征拓宽到审美领域，从道德领域、审美领域等论证了非自爱人性的客观性，有力回击了自爱论者关于道德起源于自爱的思想。因此，吉勒教授说哈奇森以美感作为感觉美的基础，以道德感作为道德感知的基础，而美感和道德感都是"内在的和非自爱的"。

第7章

哈奇森思想的历史意义

　　哈奇森借助于"内感觉"和"道德感"这两个概念，成功构建了自己庞大的思想体系，并把莎夫茨伯利的"道德感"进一步系统化，把道德感思想扩展到道德认识、道德行为、道德情感、道德审美、政治伦理等广阔的领域中。在整个哈奇森的思想体系中，"内感觉"成为一个最核心的概念，贯穿于哈奇森的认识论领域、伦理学领域和审美领域。而"道德感"则成为哈奇森伦理思想的核心概念。可以这样说，**没有"内感觉"就没有哈奇森体系，没有"道德感"就没有哈奇森伦理体系**。他几乎用道德感思想囊括了当时道德伦理领域的一切争论的热点问题，并对这些问题作出了非常深刻的、富有启发性的思考，从而成为仁慈主义的集大成者，在英国乃至西方伦理学领域构建了一座气势恢宏的丰碑。

　　哈奇森的情感理论、道德直觉思想、道德定性的非功利原则、道德量化的功利标准等思想在西方伦理学史上占据着重要地位，成为道德情感主义、直觉主义、道德核心主义、功利主义等伦理学流派历史发展的重要环节；对休谟和亚当·斯密等人的情感主义、康德等人的道德直觉主义、边沁等人的功利主义思想，乃至现代西方的仁慈主义、道德核心主义等都产生了不同程度的直接或者间接影响。

哈奇森对休谟的影响

大卫·休谟（1711~1776）是18世纪英国著名的思想家，1722年在苏格兰爱丁堡大学就读，成绩优秀，后因家庭原因辍学，未获学位。他和哈奇森关系密切，两人之间保持通信联系。1741年，休谟将《人性论》第三卷中的"论道德"修改完毕后送给哈奇森，经哈奇森介绍而得以出版。

哈奇森对休谟的影响很大。《人性论》出版以后，1739年10月，海牙出版的《新书目》报道了《人性论》出版的消息，并说休谟的思想在有些地方同哈奇森关于道德感和人道感的思想十分接近。A. N. 普瑞沃于1949年在《伦理的逻辑和基础》中提到，休谟的伦理哲学中很少或者根本没有任何东西不能回溯到哈奇森，但是休谟表达得更清楚、更突出。

哈奇森认为，人们判断道德善恶的最终标准不是理性，而是天生的"道德感"。休谟继承了哈奇森这一思想，他在《人性论》第三卷第一章"善恶概论"第一节的标题就是"道德区别并非来源于理性"，第二节的标题是"道德区别来源于道德感"，并提出了人性两条最基本的原则：同情和比较，以及著名的休谟法则——"是"并非"应该"等等。以下只是择其要而述之。

首先，休谟认为道德感知和理性无关。休谟把人的一切意识活动统称为知觉，人们的视、听、判断、爱、恨、思考等一切意识活动都必须而且只能够"归结在知觉名下"，知觉就是一切意识活动的总和。心灵中除了知觉外一无所有。知觉有两种方式：观念和印象。观念是印象的摹本，是微弱的印象，理性源于观念。

休谟认为，理性对情感无能为力，而道德感是一种经验感觉，能够影响和催生人的道德情操。因此，道德感与理性不同，理性不能产生道德，只能够刺激、引导既有的道德情操，成为行为的"间接原因"，而不能直接生产任何情感，休谟因此说理性是"不活动"的。而道德感能够直接生产道德情操，是行为的直接原因，因此休谟说其是"活动的"。根据休谟的推理，不活动的东西不可能产生活动的东西，因此，理性不能成为"一个活动原则的源泉"，不能产生道德，不能成为道德行为的源泉。

理性是判断真伪的手段，任何真伪都必须首先具有特定的参照物。而情感、意志和行为等都是一种原始的事实或实在，本身"圆满自足"，不需要也不能有任何参照物。因此，理性关于真伪的判断不可能判断道德善恶。行为的功过不是因为是否适合理性，道德行为可以是夸奖或者受责备，但不能是合理或者不合理。"谴责或赞赏同合理或不合理不是同一回事。"因此，理性也不是道德感知的源泉。

道德不是理性，理性不可能产生道德善恶，因此，无意就是无罪。"事实错误"在道德领域不是有罪的，事实错误不等于道德错误，事实判断不等于价值判断。人们对好心做坏事的错误"应该惋惜而不应该责备"。这进一步发展了哈奇森的道德动机论，把道德动机作为道德定性的最高标准。

很显然，休谟关于道德行为、道德感知和道德情操的来源问题直接继承了哈奇森关于道德和理性关系的思想，并在此基础上进行进一步深化和发展。

其次，休谟认为道德善恶只能产生于道德感。在他看来，观念和印象是人类一切认识的两个来源，非此即彼，或者两者兼具。一切知觉如果不是印象就是观念，所以如果不是其中之一，就充分证明另外一种的存在。休谟首先排除了道德产生于观念的可能性，从而以反证方式证明了道德只能够来源于印象。因此，道德是被感觉出来的，而不是被判断出来的。不需要任何反省就直接让人们感到快乐或者不快乐。人们一看见道德就快乐，一看见邪恶就痛苦。快乐就是道德，痛苦就是邪恶，道德起源于苦乐情感，没理由，就是直觉，就是印象。休谟把这种道德感直觉归结为同情。

第三，同情和比较原则。休谟认为，同情是情感的共鸣，是情感和情绪的传达。"同情"和"比较"一起构成两条显著的人性原则。由于人同此心，心同此理，人类灵魂的交往非常密切、非常亲切。所以，"任何人只要一接近我，他内心的情绪就马上在我心中扩散，并且在更强或更弱的程度上影响我的判断"。由于同情本能让人们能够感知他人内心深处不可看见、无法听见的情感变化，所以，旁观者内心的情感变化在不同程度上受到当事人情感变化影响的原因只能是五官感觉之外的同情心。当他人的情绪在某种程度上影响了我们的情绪后，它可能和我们先前的情绪汇合或抵消，从而影响我们的行为。这种变化可能是同向正反馈变化，也可能是反向负反馈变化。休谟把后一种现象叫作"比较原则"。"比较"也是一条建立在同情本能基础上的重要人性原则。休谟认为，人们直接观察眼前对象而得到了某种感觉后，如果把该对象与其他对象（比如观察者自己）进行比较，所得到的感觉就可能与比较前的感觉完全相反。所以，休谟说："直接观察他人快乐自然给我们快乐，但如果与我们自己（的快乐）相比较，就会产生痛苦；他人的痛苦，就其本身而言是痛苦的，但却增加我们的幸福观念，从而给我们以快乐。"

第四，休谟用观念论扬弃哈奇森的感觉论。哈奇森提出了外感觉和内感觉两种认识方式，外感觉只能认识具体的感性对象，无法感知道德和美，内感觉以一致性（普遍性）、抽象性为对象，是上帝植入人内心的天生本能，不需要任何观念帮助的直觉，是一种独立于外感觉、比外感觉更高级的认识能力，是人类认识道德和美等普遍对象的唯一根据，人们必须借助内感觉才能认识道德、美等抽象的一致性（普遍性），内感觉无疑拓展了经验主义的感觉领域，把感觉从眼耳鼻舌身等感官感觉领域解放出来，在道德和审美领域确立了人类认识的主体性原则。

受到哈奇森关于内感觉思想的启发，休谟进一步思考认识的运行机制。他把人类心灵一切活动归结为观念和印象，观念来源于印象，是"印象的摹本"。因果、时空等都属于"观念"，因果观念是印象习惯，时空观念也是经验生活中的印象积淀。他认为人类逻辑和感性世界之间没有必然联系。观念运动、结合的三大原则就是：相似、接近和因果。这样，休谟就把感觉扩展到了观念，经验感觉成为一切理性、观念的源泉和基础。对因果、时空等抽象对象的认识也从哈奇森抽象的内感觉变成了更加清晰的抽象观念，这在一定程度上是对哈奇森内感觉思想的进一步发展。

哈奇森对亚当·斯密的影响

亚当·斯密（1723～1790），英国经济学家、道德哲学家，英国古典政治经济学体系的建立者，其巨著《国富论》被誉为西方古典经济学的奠基之作。他所提出的劳动价值理论、对于私有制各种规律的探索，以及提出的一些经济学概念，对马克思主义哲学的产生，特别是对历史唯物主义的创立，产生了重要作用。

1723 年 6 月 5 日，亚当·斯密出生在苏格兰的柯科迪，其父在他出生前就去世，他一生和母亲相依为命。1737 年进入格拉斯哥大学学习。哈奇森当时任格拉斯哥大学道德哲学教授，亚当·斯密多次亲聆哈奇森的讲座。出类拔萃的哈奇森以渊博学识与高尚人格给斯密留下了深刻的印象。哈奇森非常欣赏亚当·斯密的天资，并把 16 岁的斯密介绍给了当时正在写作《人性论》的大卫·休谟。1740 年，亚当·斯密转到牛津的贝列奥尔学院继续接受大学教育，并在牛津生活了六年，1748 年回到爱丁堡。1751 年被选为格拉斯哥大学逻辑学教授。从 1752 年起，他又继承他的老师哈奇森任该校的道德哲学教授，直到 1764 年辞去教职，1759 年发表了《道德情操论》，1776 年发表了《国富论》，1790 年 7 月去世，葬于爱丁堡。

哈奇森对亚当·斯密影响很大。亚当·斯密的《道德情操论》和《国富论》在一定程度上是对哈奇森关于自爱和仁爱同时并存的善恶两性论的运用和发展。《道德情操论》以"同情"作为道德情操的核心，重点说明和论证人的同情心和正义感等。《国富论》则以自爱作为经济行为的核心，重点说明和论证竞争机制在市场经济中的重要作用。市场经济那只"看不见的手"，实质就是人的自爱本能。亚当·斯密赞扬哈奇森"是一个观察力最敏锐的、最突出的、最富有哲理性的人"，"是一个最富有理智和最有见识的人"，说他在古今哲学家中"无疑是无与伦比的"。《道德情操论》中至少有十四次提到哈奇森的名字，并多次提到哈奇森的观点及其对他的评价。因此，F. B. 卡耶说亚当·斯密在哲学和经济方面受到哈奇森的影响特别深。

和哈奇森一样，亚当·斯密认为，人天性具有仁爱品质，这种品质表现为人的社会情感。天性仁爱使人天生具有社会情结，其表现方式就是"同情"。他激烈反对孟德威尔等人把自私作为唯一人性的极端性恶论。与哈奇森等人对孟德威尔的温和批判相比，亚当·斯密对孟德威尔的批判则要尖锐、激烈得多。他认为，孟德威尔关于人性邪恶的观点是彻底错误的，他的人性论几乎在每一方面都是荒谬的，《蜜蜂的寓言》不加区别地将人类的一切情感都说成邪恶的，这是最大的谬误。

但是，亚当·斯密不同意哈奇森把"道德感"作为道德的基础，他认为道德感不能够准确、全面说明丰富多彩的情感变化及发展过程。而"同情"不仅能够全面解释道德感理论所提到的一切现象，而且能够解释道德感理论中所不能解释的现象。因此，亚当·斯密发展了哈奇森的同情理论，认为同情理论比道德感理论更能够确切说明人性仁爱的思想，主张用哈奇森的"同情"取代哈奇森的"道德感"成为一切道德基础。这样，哈奇森伦理体系中的道德感在亚当·斯密伦理体系中被"同情"所取代。

哈奇森把道德感划分为激发理性和评价理性。评价理性有两种形式：道德赞许和不赞许。它和自爱情感没有任何关系，是最纯洁的道德本能，最能够说明道德感的非功利性、非自爱性特征。《道德情操论》的一个目的就是进一步解释道德赞许和不赞许这个事实。亚当·斯密通过对"旁观者"同情情感细致的心理分析，把哈奇森关于同情的理论发展成为一个全面系统的道德体系。

他认为，同情是一种普遍人性，任何人都终身无法摆脱。同情不是一种"直接情感"，而是"旁观者"通过同情而感知他人在特定处境下情感状态的"间接情感"。他说，通过观念联想，人们可以把自己置身于别人的处境之中，设想自己正在忍受同样的痛苦。这种设身处地的观念联想，在某种程度上把自己变成与被同情对象一样的人，简直可以说同他融为一体，因而产生一种与被同情者同样的某些意识，甚至形成某些在程度上弱于被同情者的感觉。同情者的身份始终是一个"旁观者"，他和当事人越没有任何关系，同情就越体现出非自爱、非功利的特征。

由于同情是一种"间接情感"，旁观者可以通过丰富的观念联想力进入当事人的情感世界中，但旁观者永远只能通过观念联想力进入当事人的情感状态，永远不是当事人自己。所以，这种"观念联想"并不总是和当事人的实际情感状态相符合。旁观者的感觉与当事人的事实可能不一致。旁观者有时候体会不到当事人内心存在的强烈、复杂情感，有时候却体会到当事人内心根本不存在的情感。比如，有时候我们为遭受不幸的当事人感到痛苦，但当事人却因为失去理智等其他原因而丝毫没有感到痛苦；有时候我们为当事人的行为感到耻辱，但当事人却认为自己的行为是理所当然的。很显然，亚当·斯密在同情是否"适宜"的问题上已经出现了怀疑主义的趋势。

对同情的原因分析中，亚当·斯密受到哈奇森神秘主义认识论的影响是明显的。他认为同情的根源是仁慈博爱的万能之主出于让人类幸福美满的天意。以同情为基础的一切道德原则都是上帝的指令和戒律，服从上帝就应该服从上帝的戒律和指令，成为一个守戒律、有道德、充满了同情心的人。

亚当·斯密还继承了哈奇森关于非理性主义道德认识论观点，批判了当时十分流行的"适宜"论。克拉克、沃拉斯顿等理性主义者认为，美德是一种通过理性得以感知的、表示事物和对象关系的"适宜性"。亚当·斯密反驳说，"适宜性"观点无法清楚、明确说明情感事实，不能提供判断感情的"明确的或清楚的衡量标准"，而"明确的或清楚的衡量标准"只能够在"旁观者的同情感中找到"。

《国富论》是哈奇森善恶两性论在经济领域的运用和发展。这部巨著以人的自爱动机为基础，全面分析了自爱动机的表现形式"看不见的手"在经济生活中的巨大作用，开创了西方古典经济学的源头。后期自由经济学的主要原理几乎都已经在其中表达或者暗示出来了，其中的每一个推论几乎都有具体的例证支持，后来甚至一些互相对立的经济学派都不约而同把亚当·斯密看作自己的奠基人。

在《国富论》中，亚当·斯密认为财富的多寡不在于贵金属的多少，而是取决于人们对商品的消费大小。劳动是商品的源泉，是财富的源泉，也是商品价值大小的标准。每个人都在劳动中最大限度追求自己的利益，同时也在有意的劳动中无意促进了集体利益。利己可以实现利他。保护每个人最大限度自由追求自己的利益将最大限度促进自由贸易发展。

亚当·斯密认为，劳动分工表面上是"物物交换、交易和交流"的结果，但其更深层次的原因却是人的利己动机。这种"利己心"是支配个人的一切行动，使其在某一问题之上，根据利害观点，采取某一行动的原则。在经济生活中，利己主义动机比利他主义动机更突出。相比较而言，人们更关心和自己利益（而不是和他人利益）密切相关的事情。所以，一个与自己不相干的人死亡的消息和一个相干人遭到无关紧要的灾难的消息相比较，后者倒更能够引起人们的关心。

要激发人们的积极性首先必须刺激人的"利己心"。如果让人们知道他自己所做的一切都是为了他自己，都是对他自己有利的时候，那么，他实现自己的目的就"容易得多了"；反之，纯粹的贡献又没有自己的"利益"，就不利于人们发挥自己的激情，不利于社会经济的发展。因为不论是谁，如果要与旁人做买卖，他首先就要这样提议："把我所要的东西给我，你就可以获得你所要的东西。"经济生活中的食品和饮料，不是出自人们的"恩惠"，而是出自人们的"自利心"。经济生活的原则是：我们不该说唤醒人们的利他心的话，而该说唤起他们利己心的话；我们不说自己有需要，而说对他们有利。这就是"看不见的手"的动力之所在。因此，亚当·斯密所谓"看不见的手"本质上就是一种"利益驱动"，是自爱、利己的人性原则在经济生活中的表现。

哈奇森对康德的影响

哈奇森去世以后，他的著作逐渐进入德国思想领域。1756年，也就是哈奇森去世十年后，《道德哲学体系》被译成德文在德国发行；1760年，《论激情和情感的性质和活动：以及对道德感的说明》被译成德文；1762年，《关于美和德的观念的起源的研究》被译成德文。正如伯纳特·皮奇教授所说，这些著作使哈奇森思想直接渗透到德国的宗教生活、孩童教育等领域中的道德教化，对德国的思想意识产生了不小的影响，康德由此受到哈奇森的影响是"不容置疑"的。

哈奇森去世那年（1746），康德刚好22岁，而在康德《实践理性批判》（1788）出版之前三十二年，哈奇森《道德哲学体系》的德文版就已经在德国出版。据托马斯·肯斯密尔·爱波特说，康德晚年喜欢阅读自然科学和旅游方面的书籍，对纯粹抽象思辨的著作则很少涉猎，但是他喜欢看洛克、哈奇森、休谟、卢梭等人的书籍。伯纳特·皮奇教授也说，哈奇森对康德的影响是强烈的，尤其是在康德的前批判伦理时期。

除了著作影响外，哈奇森还通过休谟对康德产生了重要的影响。康德在自己的著作中明确承认，正是休谟的怀疑论打破了他对"独断论的迷梦"，促使他对理性进行深刻反思，努力探寻科学何以可能的根据。他把人类认识划分为三个形式：纯粹理性、实践理性和判断力。同时把纯粹理性划分为三个阶段：感性、知性和理性，并把哈奇森在伦理学领域的主体性原则运用到理性研究领域，将其明确为一系列清晰的先验范畴，在认识论领域开辟了一场轰轰烈烈的哥白尼革命。

康德最早提到哈奇森是在 1765~1766 年（哈奇森去世后十九年）的讲稿。他在讲稿中说，莎夫茨伯利、哈奇森和休谟的努力，虽然不是很充分和完善，但却最深入推进了对所有道德的第一原则的研究。1785 年，康德在《道德哲学基础》中说，他根据快乐原则对道德感原则进行分类，因为每一个经验兴趣都有意无意地允诺我们从对象所给予的快乐中得到安宁、幸福——不管它是直觉的、非功利性的，还是有意的、功利性的。我们必须和哈奇森一样，根据他所假定的道德感，用他人的快乐作为同情原则的分类标准。1788 年，康德再一次提到哈奇森对他的影响时说，和理论哲学一样，在实践哲学中，当某个事物并不是无法论证时，我们不应当轻率认为它们是无法论证的，不过，我们不能抛弃这些原则，因为作为假设，它们包含其他实践命题的立论基础。在这点上，哈奇森和其他人用"道德感"的名义已经开始了一些卓越观察。

康德吸收了哈奇森关于内感觉、仁爱人性、动机定性、道德直觉和道德赞赏等思想，并将内感觉思想进一步拓展、深化和系统化，将其发展为人类认识的内在先验法则，确立了认识的主体性原则。

在康德那里，（纯粹）实践理性即超验的、具有普遍必然性的"道德律令"。康德再三强调理性法则的"纯粹"性，目的在于表明它们的"先天""先验"或"超验"特性——不掺杂任何后天的经验，是一种纯而又纯的"先天"意识形态。康德将"道德律令"确立为最高的道德准则，是道德行为、道德情操、道德自由、道德评价、道德认知等一切道德存在的源泉，具有道德感的先天性、本体性、非功利性、直觉性等特征。

为了说明"道德律令"的先天性，康德区别了"道德准则"和"道德法则"的关系。他说，在经验基础上建立起来的原则最多就是一些"准则"（Maximen），而不是客观"法则"（Gesetzte）。由于不同的人有不同的感性欲望、偶然多变的感觉状态、纷繁复杂的感性经验，因此，不同的人有不同的"准则"，甚至同一个人在不同的场合、不同的时间也有不同的"准则"。因此，它们最多只能算一些相对的、有条件的、主观随意的实践准则，而不是普遍有效的道德法则。

只有建立在（纯粹）实践理性基础上的道德法则才具有普遍必然性或者客观性，而只有具有普遍必然性或客观性的道德法则才是普适的道德法则。正如纯粹理性为认识提供客观普遍的认识原则一样，实践理性为道德实践提供了客观普遍的行为原则。因此，康德认为，从纯粹实践理性中确立纯粹的道德概念和原则，界定道德实践的范围和道德自由的本质，这不仅是思辨理性的本能需要，在实践上也具有非常重要的意义。很显然，康德关于"道德准则"和"道德法则"的区别，在很大程度上延续了哈奇森关于"道德权衡"和"道德直觉"区别的思想。

"道德律令"是（纯粹）实践理性的存在形式，是最高的道德原则。一切道德概念都根源于"道德律令"，它们绝不是经验的，绝不是从经验知识中抽象出来的。只有纯粹实践理性规定了道德原则之后，善恶观念才能够得到规定。道德法则先于道德准则，绝对命令先于道德善恶。实践理性的唯一对象就是善恶。善就是实践理性喜欢和追求的对象，恶就是实践理性厌恶和躲避的对象。为此，康德曾赞扬哈奇森的道德感、同情、仁爱等思想同道德及其尊严很接近，而和利己主义有本质区别。

康德认为，"善"就是"绝对命令"本身，服从善就是一种内在的必然的"义务"。没有理由，我应该行善，我必须这样行善——这就是绝对的道德命令。因此，道德自由就是"善"的自由，就是"义务"的自由，就是"绝对命令"的自由，就是"（纯粹）实践理性"的自由。他用"绝对命令（判断）"和"假言命令（判断）"相比较，清楚说明了道德"自律"和"他律"的区别。假言命令是有条件的，自己依靠自己以外的非我而存在，是"他律"的；绝对命令是无条件的，自己依靠自己而存在，是"自律"的。假言命令的形式是"假如（如果）……，应当……"。比如"假如你要铃声响，请按键""假如你要幸福，请追寻道德"等。假言命令表明，任何的"应当"都建立在一个"假如（如果）"的前提下，受到"假如（如果）"的限制，没有了"假如（如果）"就没有"应当"。因此，"应当"自身没有存在的基础、动力，而是以"假如（如果）"为自己存在的基础和动力，"应当"只是实现"假如（如果）"目的的工具。绝对命令的形式是："你应当这样做，没有任何理由。"在绝对命令面前，人不能够问为什么，也不能解释为什么，没有任何理由，自己就是自己的理由；不为任何目的，自己就是自己的目的。只有这样，行为才能摆脱外在任何条件限制，才能自己在自己中存在，自己约束自己。而"自律"就是"自由"。因此，"自律"和"自由"是道德不可分割的两个方面。

这也就是康德所说的"人是目的"的一个重要内涵，强调人在行为中**即**实现自己，而不是在行为中**去**实现自己。康德批判功利主义、幸福主义时说，当这些理论劝诫人们行善时："你应当这样做，因为这样做能够让你得到幸福"，人们出于"为了得到幸福"而这样做的时候，就违背了道德的绝对命令，而是一种假言命令，因而在这种命令下的行为不是道德行为，也无法实现行为自由。康德关于道德本体和道德自由辩证关系的论述精妙绝伦，哈奇森远没有达到这种深度。但是，哈奇森关于道德动机决定道德性质、道德直觉、道德的非功利性等思想对康德的影响还是非常明显的。

康德曾经通过"敬重"情感来说明"道德律令"的非功利性特征。康德说，尽管人们对一些突出的优势表示赞赏甚至趋同，对他人的诙谐有趣、勇敢绝伦、臂力过人、位高权重等表示钟爱、恐惧、惊羡甚至惊奇，但内心深处总是无法产生敬重感，他借用韦特奈尔的话说："我在贵人面前鞠躬，但我的精神并不鞠躬。"相反，如果面对一个品格正直的贫寒老百姓，尽管自己仍然趾高气扬，努力在他面前展现自己的高贵，但是，自己内心仍然会情不自禁产生自愧不如的道德羞愧。"我的精神鞠躬，不论我是否愿意"，因为"他的榜样在我面前树立了一条法则"。这在一定程度上和哈奇森关于"道德感不容贿赂""道德赞赏"等思想是一致的。

哈奇森对其他人的影响

对功利主义的影响。哈奇森把最高的道德定义为"最大多数人的最大快乐"，把最大的恶行定义为"最大多数人的最大痛苦"。无论是对个人还是对他人而言，最高的道德必然内涵最大的幸福，最大的邪恶必然内涵最大的痛苦。半个世纪以后，功利主义创始人边沁在1776年发表的《论政府片段》中才提出了这一条功利主义的基本原则"最大多数人的最大快乐"，正如索利所说的，"最大多数人的最大快乐"到了边沁才变成"一条伦理学公式和一条党派原则"，边沁也因此被誉为功利主义之父。

哈奇森为道德计算专门设计了六个公式，把量化分析方法引入道德领域。后来，边沁把量化分析方法引入了情感领域，试图对快乐和痛苦进行全面而精确的量化，他详细分析了对快乐和痛苦进行量化的一些基本要素，把快乐和痛苦的原因分为四个：政治原因、自然原因、道德原因和宗教原因，列举出十四种简单快乐和十二种简单痛苦，并在此基础上考察了各种复杂情感。他把情感发生时的强度大小、持续时间长短、距离远近、确定性、范围大小，以及苦乐的衍生情感、苦乐是否相互消耗等作为快乐和痛苦的量化的要素。边沁认为，当痛苦和快乐混杂在一起的时候，如果痛苦高于快乐，两者相减，痛苦的"余额"就成为衡量恶行大小的标准；反之，如果快乐高于痛苦，两者相减，快乐的"余额"就成为衡量善行大小的标准。边沁给道德和立法进行量化分析，目的就是想让这两门学科能够像自然科学那样精确翔实可信。当然，边沁仅仅提出了关于道德定量的朦胧观念，并没有进一步思考这种定量分析是否适合道德和立法，也没有给出道德和立法量化的具体标准。

虽然边沁说自己并没有从哈奇森那里得到功利主义的基本原则，也没有证据表明哈奇森的道德计算等思想对边沁产生过影响，哈奇森自己也绝不是一个片面的功利主义者，但是，哈奇森在道德感体系中所表述的功利思想是非常丰富和深刻的，

146

而且他关于道德感、道德量化等思想在苏格兰伦理学领域的影响是毋庸置疑的，而边沁受到苏格兰哲学家休谟等人的影响也是毋庸置疑的，休谟《人性论》关于正义等思想直接成为边沁政治学思想的重要源泉之一。

对托马斯·黎德的影响。托马斯·黎德是常识哲学流派的创始人，他的第一篇文章《论数量》就是专门反驳哈奇森关于道德计算的理论，并对哈奇森的道德感进行了批评和修正。但是，他赞成哈奇森的关于人性仁爱的伦理思想，反对孟德威尔等人的性恶论，主张善和美之间的一致性，用日常语言解决哲学问题，强调人的存在是一切理论和实践知识的第一原则等。在日常语言分析中，托马斯·黎德提出"公众感"概念，并尝试用它解决道德领域关于理性和情感的冲突。哈奇森对黎德的影响在某种程度上还通过休谟这一中间环节而实现。1764 年，在《人性论》出版二十五年后，黎德发表了对该书的研究专著《根据常识原则探究人类心灵》，系统反驳了《人性论》中的怀疑主义思想，主张把常识作为哲学的基本原则，由此开创了一个新的哲学学派——苏格兰常识哲学学派。

对美洲大陆思想的影响。哈奇森在格拉斯哥大学任教授的时候，弗兰西斯·爱立逊曾经是他的学生，哈奇森关于善待他人、关爱国家利益等理念对爱立逊产生了很大影响。后来，爱立逊回到美国后，把哈奇森这些思想也带回了美国，并用它们影响了自己的学生。其中爱立逊的三个学生成为日后美国独立宣言的起草者，而另一个人则成为 1774 年大陆议会的秘书。特别值得一提的是，哈奇森对美洲大陆思想的影响在很大程度上和约纳翰·爱德华联系在一起。约纳翰·爱德华是美国很有影响的神学家和哲学家，著有《真善的本质》等著作，哈奇森对他的影响在该书中表现很明显。书中爱德华高度评价了哈奇森关于美是"差异中的一致性"的思想，真善的基础之一就是人们对他人福利的关心，不愿意别人遭遇苦难。爱德华还特别强调，人们对道德判断、道德原则的分歧不仅没有否定道德感的存在，反而从反证的角度证明了道德感的普遍性。

此外，哈奇森对现代伦理学研究的影响也不容忽视，而现代西方伦理学中关于仁爱学说的绝大部分思想家都在不同程度上、以不同方式和哈奇森的思想有密切的联系，受哈奇森影响的现代伦理学主要代表人物有 W. T. 布莱克斯陀和 W. K. 弗兰凯纳等人。

结　语

　　哈奇森继承英国经验主义认识论思想，把传统的感觉区别为内感觉和外感觉，并把一致性（普遍性）作为内感觉的本质，创造性地提出两种感觉论，揭示了内感觉的抽象性、非逻辑演绎的本能直觉特性、先天性、内在认识根据决定外在认识对象的认识模式等特征，拓宽了经验主义的认识领域，在伦理学和美学领域率先提出了道德和审美感知的主体性原则。

　　以两种感觉论为认识论基础，哈奇森在伦理学上提出了自爱和仁爱并行不悖的善恶两性论，认为道德感和美感同属于内感觉，具有先天性、普遍性、非功利性和非自爱性等特征。他深入思考了仁爱的种种表现，界定了仁爱和自爱的区别，批判了孟德威尔等人混同自爱和仁爱的错误。在善恶两性论基础上，哈奇森推演出了两类情感说、两种功利说等思想，把莎夫茨伯利的道德感思想发展成为一个完整的伦理体系，驳斥了道德领域中用自爱否定仁爱人性的种种理论，维护了仁爱道德作为人之本质的尊严。

　　但是，哈奇森把内感觉归结为万能造物主的仁爱本能，从而陷入了神秘主义，没有揭示主体的一致性（普遍性）和客体世界的一致性（普遍性）之间的必然联系。同时，由于哈奇森否认道德感来源于自爱，把自爱混同于自私，割断了道德感和自爱之间的联系，因而也不能真正认识仁爱的本质，不能把自私、同情、仁爱统一（不是抽象的无差别的同义反复的"同一"）起来，无法理解自爱和仁爱之间相互转化的必然性，没有找到性善和性恶之间相互转化的前提，以及自爱、自私和仁爱的辩证关系，无法说明道德情感和动机的强度及其变化。他的仁爱人性变成了一种脱离人的本能空洞的道德说教，违背了人的自爱本性，使道德建设缺乏人性动力，无法有效地规范和引导人的道德行为。

因此，哈奇森对自爱的批评虽然机智，但在一些地方显得片面、勉强，缺乏说服力。

尽管如此，哈奇森在道德感体系中所展现出来的一些卓越深刻的思想是不容否认的，他对西方伦理思想的发展也是有目共睹的，他关于人天性仁爱、仁爱和自爱的区别、动机决定论、观念影响论、道德功利主义等思想，特别是他推崇仁爱道德、反对极端性恶论等思想对现实道德建设具有深远意义。哈奇森的道德感思想将成为一支永不磨灭的火炬，随时点燃人们内心的道德良知。

附　录

年　谱

1694 年　8 月 8 日，出生于北爱尔兰的大马列各。祖籍是苏格兰的艾尔郡。

1711 年　进入格拉斯哥大学学习。

1717 年　修完艺术和神学课程。

1719 年　返回乌尔斯特，并被委认为见习牧师。

1720 年　接受长老派邀请，返回都柏林筹建私立学院并担任院长（这期间对洛克的学说表示出浓厚的兴趣，学术兴趣从神学转向哲学）。

1725 年　与玛丽·威尔逊小姐结婚，婚姻生活幸福美满，共有七个孩子，其中第六个孩子天折。发表《关于美和德的观念的起源的研究》（*An inquiry into the original of our ideas of beauty and virtue*）。给《伦敦杂志》写了两封信，提出与吉尔波特·布赖特商榷的观点。

1726 年　给《都柏林杂志》写了六封信，分别批判了霍布斯和孟德威尔。

1728 年　《论激情和情感的性质和活动：以及对道德感的说明》（*An essay on the nature and conduct of the passions and affections：with illustrations on the moral sense*）发表。

1729 年　接受格拉斯哥大学的邀请担任道德哲学教授。发表就职演说《论人的社会本质》（*De Naturai Hominum Socialitate*），该演说于同年发表。

1735 年　发表了一个小手册《对捐赠的思考，告苏格兰绅士书》（*Considerations on Patronage，Adressed to the Gentlemen of Scotland*），并开始撰写《道德哲学体系》（*A System of Moral Phylosophy*）。

1738 年　《关于美和德的观念的起源的研究》第 4 版发行。同年，他被指责宣传两个亵渎上帝尊严的错误：1. 善的标准是促使他人快乐；2. 心目中即使事前没有关于上帝的知识也仍然具有善恶的观念。

1742 年　开始对哲学本体和心理学关系、道德哲学和法的本质等进行系统深入的研究思考，并发表了相关讲稿。这些讲稿汇编于 1747 年被翻译成《道德哲学概论》(*A Short Introduction to Moral Philosophy*)。

1746 年　8 月 8 日去世。

1747 年　他与同事合作翻译的著作《对马克·奥利乌斯的沉思》(*Meditation of Marcus Aurelius*) 出版，哈奇森在其中曾作过深刻的评注。

1749 年　《关于美和德的观念的起源的研究》被译成法文。

1755 年　《道德哲学体系》由他的儿子编辑在格拉斯哥出版。

1756 年　《论激情和情感的性质和活动：以及对道德感的说明》第四版发行；《道德哲学体系》在出版的第二年就被译成德文在德国发行。

1760 年　《论激情和情感的性质和活动：以及对道德感的说明》被译成德文。

1762 年　《关于美和德的观念的起源的研究》被译成德文。

1772 年　《关于美和德的观念的起源的研究》第 5 版发行。

1780 年　《哲学本体和心理学概论》(*Metaphysicae Synopsis Ontologyiam et Pneumatologiam complectens*) 发行第 7 版。

参考书目

1. Adam Smith. *The theory of moral sentiments*，中国社会科学出版社，1999 年。

2. Bernard Mandevill. *The Fable of the Bees , or Private Vices, Publick Benefits.* with a commentary, critical, historical, and explanatory By F. B Kaye. Liberty Fund Inc. , 1988.

3. David Hume. *A thesis of human nature*，中国社会科学出版社，1999 年。

4. Francis Hutcheson. *A System of Moral Philosophy*, with an introduction by Daniel Carey. Continuum International Group , 2005.

5. Francis Hutcheson. *An inquiry into the original of our ideas of beauty and virtue: in two treatises*; edited and with an introduction by Wolfgang Leidhold. Liberty Fund Inc., 2004.

6. Francis Hutcheson. *An Essay on the Nature and Conduct of the Passions and Affections*, *with Illustrations of the Moral Sense*, Edited and with an Introduction by Aaron Garrett. Liberty Fund Inc., 2002

7. Francis Hutcheson. *Illustrations of the Moral Sense.* The Belknap Press of Harvard University Press, 1971.

8. Samuel Enoch Stumpt. *Socrates To Sartre, A History Of Philosophy.* McGraw-Hill Inc., 1993.

9. 边沁著，时殷弘译：《道德与立法原理导论》，商务印书馆，2000 年。

10. 陈修斋主编：《欧洲哲学史上的经验主义和理性主义》，人民出版社，1986 年。

11. 冯契主编：《哲学大辞典》，上海辞书出版社，1992 年。

12. [德] 黑格尔著，贺麟译：《小逻辑》，商务印书馆，1980 年。

13. [英] 霍布斯著，黎思复、黎延弼译：《利维坦》，商务印书馆，1985 年。

14. 罗国杰、宋希仁编著：《西方伦理思想史》（上、下卷），中国人民大学出版社，1985 年。

15. [英] 罗素著，何兆武、李约瑟译：《西方哲学史》（上），商务印书馆，1963 年。

16. 北京大学哲学系外国哲学史教研室编译：《西方哲学原著选读》（上卷），商务印书馆，1999 年。

17. [英] 亚当·斯密著，蒋自强、钦北愚等译：《道德情操论》，商务印书馆，1998 年。

18. [英] 亚当·斯密著，郭大力、王亚南译：《国民财富的性质和原因的研究》，商务印书馆，1979 年。

19. 周辅成编：《西方伦理学名著选辑》（上卷），商务印书馆，1964年。

20. 周辅成编：《西方伦理学名著选辑》（下卷），商务印书馆，1987年。

21. 周晓亮主编：《西方哲学史（学术版）》第四卷《近代：理性主义和经验主义，英国哲学》，凤凰出版社，2004年。

22. 周晓亮著：《休谟哲学研究》，人民出版社，1999年。

23. 朱贻庭主编：《伦理学大辞典》，上海辞书出版社，2002年。